大展好書　好書大展
品嘗好書・冠群可期

吳式太極拳 2

王培生
太極拳體用解

■張耀忠　厲勇　編著

大展出版社有限公司

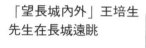

「望長城內外」王培生
先生在長城遠眺

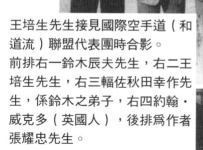

王培生先生接見國際空手道（和
道流）聯盟代表團時合影。
前排右一鈴木辰夫先生，右二王
培生先生，右三輻佐秋田幸作先
生，係鈴木之弟子，右四約翰・
威克多（英國人），後排爲作者
張耀忠先生。

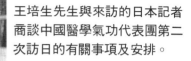

王培生先生與來訪的日本記者
商談中國醫學氣功代表團第二
次訪日的有關事項及安排。

王培生先生在北京中山公園
「來今雨軒」歡迎吳式太極拳
正宗傳人吳英華、馬岳梁二老
的宴會上致詞

王培生先生在舞蹈學院給弟子說手

王培生先生給美國學生說手

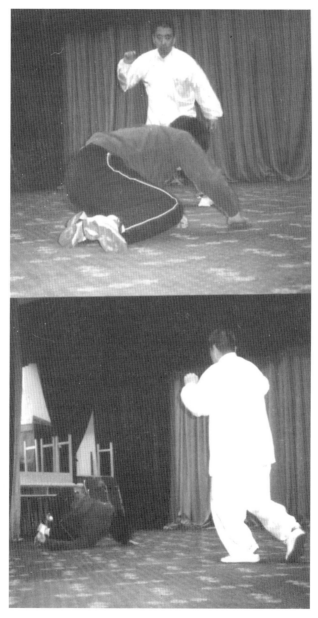

王培生之子乃相和他的徒弟表演太極推手發勁

張耀忠先生簡介

　　張耀忠先生（1925—2013），山西陽泉人，太極名家，中國武術八段，師從著名武術家王培生。曾任北京市軍事體育總校副校長，北京市武協吳式太極拳研究會名譽會長，中國武當武術聯合會顧問，東方武學館、培生武學館教練，湖北鄂州元極武德館總教練。著作近20餘部，其中《三十九式太極拳勁意直指》等著作句句精闢入理，道盡太極真義，廣為人知。並針對現代人快節奏生活，創編「周天太極拳」和「太極連環雙手刀」，易學易練，健身技擊效果卓著。

　　張先生自幼習練家傳武功與道功。青年從軍更習軍中格鬥術。後拜在著名武術家王培生門下，專修太極內家拳法、器械和乾坤戊己功。先生一生為人坦誠，誨人不倦。凡遇求教者，不分親疏，知無不言，言無不盡。搶救性地發掘整理了瀕臨失傳的太極拳內功心法，並以畢生之力傳播太極文化。弟子廣布四海，達二百餘眾。

　　先生向來對太極門內功心法從不保守，只願將吳式太極發揚光大，其著作及演講視頻《太極內勁豁然貫通》《華夏神功太極拳》在網上深受歡迎，使觀眾參照練習即可上手，效果立竿見影，從而讓廣大拳友得以一窺太極內功本質。先生功德無量！

厲勇簡介

厲勇，1970年生，黑龍江籍，現居北京。北京市武術協會吳式太極拳研究會副秘書長，吳式太極拳第六代傳人，王培生印誠功法第三代傳人，北京吳式太極拳網（www.bjtaiji.cn）創辦人及主編。

1989年師從太極名家張耀忠（丹誠）先生。長年跟隨師父教拳，並協助師父進行太極拳資料整理出版工作。教拳20餘年，長期在北京各大院校、企業社區教學，並受邀前往天津、新疆、黑龍江、山東等地傳拳。近年，尤重網絡傳拳，先後開辦「吳式太極拳37式」「太極拳推手」「吳式太極拳16式」「乾坤戊己功」「周天太極拳」等遠程網絡視頻教學項目，並開發了手機太極拳教學APP應用，使太極拳教學可以跨越時空，融入生活，爲更多人服務。

序 一

王培生先生是我國名揚四海的武術家，武林泰斗，太極拳權威，技擊實戰家。

王培生先生終生致力於武學研究，爲中國武術事業的發展做出了傑出的貢獻。

王培生先生一生繼承弘揚中華武術，執著地研究武術攻防技藝，鑽研太極拳推手理論，武術著作豐富，武術技藝精湛。

王培生先生尚武崇德的高尚情操和不斷發展的創新精神，贏得了眾多海內外武術愛好者的欽佩和敬仰。

我有幸成爲先生門下的一名弟子，留存了先生在太極拳教學方面的動作圖片和先生授課演講記錄的文字資料。這些資料，一般人是見所未見，聞所未聞的，它是先生留給我們非常珍貴的精神財富，它是一部研究先生武學思想和當代武術的寶貴資料。

如今，先生已駕鶴西歸。爲繼承恩師遺志，弘揚太極文化，特將先生遺留下來的圖文資料加以整理，彙編成集，定名爲《王培生太極拳體用解》，再現先生教學示範動作的生動形象，展現先生精闢獨到的武學思想，可以想見，本書的面世，將像一盞常明的聖燈，永遠照亮太極人的心田。

在本書的編寫過程中，曾得到郭延民、張貴華、高金

山、高燕、賈秀芬、胡國勝、馬雪松、孫培棟等的大力幫
助，在此一併致謝。不當之處，誠望讀者指正。

編　者

於北京天龍齋

序　二

　　欣聞張耀忠師兄所編的《王培生太極拳體用解》付梓在即，囑我爲序。老實說，我一介凡夫，如何敢在先生圖文集上作序？豈不聞「凡夫寫仙道，仙道也要變成凡道」。但王培生先生已駕鶴歸眞，作爲受過先生耳提面命敎導的我，似乎又覺義不容辭。但眞要我寫，恐怕再過十年也寫不出先生功夫的深奧所在。

　　幸好我記得有幾句詩可以爲憑：「人人有份無差別，個個緣成總不殊。若向此中能用意，神仙都不擇賢愚。」因此，我只好恭敬不如從命，如實地說出我當年與先生朝夕相處的日子裏，聆聽先生的所聞、所見、所感。

　　我認識王培生先生是在20世紀80年代初（1982年），當時先生是受廣西體委之邀，到南寧傳授太極拳推手。講學期間，由我的八極拳恩師畢遠達先生出面邀請，宴請王培生先生。宴席上，先生如數家珍地談起武林往事，當說到神槍李書文時，先生激動地站了起來，正氣凜然、神采飛揚地用手比劃槍法：「左手如同托泰山，右手如同攬虎尾，督槍纏戰……」，宛如天神下凡一般，令人覺得先生的神光到處，所向披靡，觀者無不肅然起敬。當時的情景，現在回想起來，還歷歷在目。

　　1985年，我住在先生家中，在與先生相處的幾個月

裏，除了協助先生著《乾坤戊己功》《太極功及推手精要》，閒時也多向先生請教拳道的理法，先生非常喜歡別人在這方面的提問。在與先生的多次交談中，常常談到武術文化底蘊最根本的問題，先生說：

「廣而論之，儒、釋、道三家的理論很多都適合指導行功練拳；精而論之，則《四書》是根本。有王宗岳的《太極拳論》可證，無論是其語出自《四書》，或其意出自《四書》，連通篇《拳論》的行文也都沒離開《四書》的影子。讀懂了《四書》，《拳論》就容易明白；讀懂《道德經》就會辯證地將一切問題一分爲二地理解，理出這些問題的頭緒，就能綱舉目張、解決矛盾。若能參考互證，勤而行之，則太極拳架與功用，亦雖愚必明矣！」

真是不聽不知道，聽了嚇一大跳！所說這些，對於我來說簡直是高不可攀，畏而卻步。之後，我又向先生討教方便法門，先生略一沉思，感歎地說他想辦一所文武兼修的學校，而且說他已經琢磨好幾年了。

他說：「練太極拳的不用力，就是戰勝自己後天拙力，是太極拳的智慧鑰匙，能悟與否，還要看個人的天賦，漸練漸悟，漸悟漸練，互爲印證，博學專一，窮神運化，能練悟一體，亦可登堂入室。不然，終爲門外漢矣。」

先生又談了些他的個人心得，如形與意一分爲二，辯證統一，以及佛學《心經》色與空的反覆練在太極拳中的妙用，合與分的轉化，往與來之間仰之彌高，鑽之彌堅的深刻道理。其實我明白，一個人無論學何藝，都要「拳不離手，曲不離口」，不可須臾離也。才有可能日久功深，左右逢

源，如意運用。但要求精，這恐怕要像屈大夫所謂：「路漫漫其修遠兮，吾將上下而求索」，這是爲武術事業獻身的敬業精神，而先生正是此人！

在《王培生太極拳體用解》即將問世之際，張耀忠師兄叫我寫序，以王培生先生的德藝可說是獨步當代武林，我實在無法用文字表達。要是不寫，又情理難卻，何況師兄做這件是功德無量之事，只好如實寫上幾句聊爲讀者之介。

茹世保

歲次乙酉中秋於南寧磨心堂

目　錄

第一章
太極拳八法與五行步

第一節　太極拳基本八法

太極拳基本八法即掤、擠、肘、靠、捋、按、採、挒。其中，掤、擠、肘、靠為進攻；捋、按、採、挒為化解。

捋破掤、按破擠、採破肘、挒破靠。

一、掤

身體重心完全集中在左腿，左腿屈膝前弓，右腿在後伸直，兩腳成左弓箭步；鼻子尖、左膝蓋尖、左腳腳尖上下垂直；左手拇指指甲與左鼻孔前後對正，右手拇指指甲對正心口窩，橫著對正左肘尖；目視左手食指甲內側。意想命門與左環跳穴相合。（圖1-1）

圖1-1

圖1-2

圖1-3

二、擠

右臂抬起向左前方伸直，左手脈門貼於右臂的曲池穴；前腳落於右手背和左手中指尖之間正中點的地面上，左腿屈膝前弓，右腿在後伸直，重心落於左腿，兩腿形成左弓箭步；意念在夾脊穴（脊背大椎下面）。（圖1-2）

三、頂　肘

左腿屈膝前弓，身體重心落於左腿上，右腿在後伸直，形成左弓箭步；右手掌心向內，中指指肚之中衝穴與右肘之曲池穴相貼，意想以左手心找左肩井穴。

最後意想頭頂之百會穴湧上天空，左腳心之湧泉穴踏入地中，左肘肘尖向前穿透無阻，兩眼則沿左肘尖向前平視。（圖1-3）

圖1-4

圖1-5

四、肩　靠

身體重心落於左腿，左腿屈膝前弓成左弓箭步；左手抬起與肩同高，手腕、肘、肩放鬆下垂；右手落至手腕靠近左肋，手心朝向後下方，兩手虎口遙遙相對；兩眼朝身後回顧左手食指指甲，右腳自動往右橫跨半步，右肩自動轉向正前方。

意念在腦後之玉枕穴。（圖1-4）

五、捋　手

身體重心後移落於右腿，左腿舒直，左腳跟著地成右坐步；左手食指指肚摸右眉梢，右眉攢後，指肚轉向外，以食指指甲對正左眉攢到左眉梢，眼神轉到左食指指甲上；右手中指與左手拇指相平，兩手間隔一掌寬。（圖1-5）

圖1-6　　　　　　　　　圖1-7

六、按　手

左手拇指與兩乳中間之膻中穴相平，右手拇指和肚臍相平，兩手分落於左腿兩側，手心朝下；身體重心落於左腿，左腿屈膝，右腳伸直，腳跟著地，兩腿成左坐步；兩眼順右食指尖內側向下注視，意欲入地三尺。（圖1-6）

七、採

右腳尖外擺，右腿屈膝略蹲，膝關節與腳尖上下垂直；左腿膝關節之內外邊沿與腳腕之內外踝骨相對，上下垂直；左臂鬆肩墜肘，手指尖朝天，大拇指與鼻尖前後對正，中指尖與肘尖上下垂直；右手的虎口貼於左曲池穴處；兩眼順右手食指、中指的縫隙往下注視，意欲入地三尺。（圖1-7）

圖1-8　　　　　　　　　　圖1-9

八、騰挪捯

右手在身前自右向左平移至極點時拇指靠於左肋；左手隨之向左上抬起至極點時向右下落，兩掌繼續向右移動至身體右側，使兩手虎口相對，手心向下；右腿蹬地提起置於身體的左側，膝與胯平而垂懸不落，左腿單腿支撐體重；目視右手食指指尖。（圖1-8）

九、捋破掤

甲方（上衣有口袋者）進左步發左掤手進攻乙方（上衣無口袋者）。乙方撤右步以左上捋法化解甲方之掤手。（圖1-9）

圖1-10　　　　　　　　圖1-11

十、按破擠

甲方進右步以擠手進攻乙方；乙方撤左步以按手化解甲方之擠手。（圖1-10）

十一、採破肘

甲方進左步以左肘尖頂擊乙方胸部，乙方撤左步以採法破解甲方肘勁。（圖1-11）

十二、挒破靠

甲方在左弓步的基礎上，右腳橫開半步，進右肩靠擊乙方；乙方提起右腿以騰挪挒法化解甲方靠勁。（圖1-12）

十三、挒破掤

乙方進右步發右掤手進攻甲方。甲方撤左步以右上挒

圖1-12

圖1-13

圖1-14

法化解乙方之掤手。（圖1-13）

十四、按破擠

乙方進左步以擠手進攻甲方；甲方撤右步以按手化解
乙方之擠手。（圖1-14）

圖1-15

圖1-16

十五、採破肘

乙方進右步以右肘尖頂擊甲方胸部，甲方撤右步以採法破解甲方肘勁。（圖1- 15）

十六、挒破靠

乙方在右弓步的基礎上，左腳橫開半步，進左肩靠擊甲方；甲方提起左腿以騰挪挒法化解乙方靠勁。（圖1-16）

第二節　太極拳五行步

太極拳五行步，即前進、後退、左顧、右盼、中定。

五行在人體臟腑對應有竅位，要練好武術，須知步法五行，即前進（水）、後退（火）、左顧（木）、右盼（金）、中定（土）。

圖1-17　　　　　　　圖1-18

一、前　進

前進在五行中屬水，方位正北，人體對應竅位是會陰穴，此穴屬腎經。訣曰：「前進屬水竅會陰，意想命門氣催身，眼神前上似追人，全身自然向前奔。」

練法：如欲向前時，只要意想會陰穴，眼神朝前上方看，身體便會自然前進。（圖1-17）

二、後　退

後退在五行中屬火，方位正南，人體對應竅位是祖竅穴，此穴屬心經。訣曰：「後退屬火竅玄觀，意在祖竅前下看，神與兩足角三點，身自後退只等閒。」

練法：如欲後退時，只要意想祖竅穴，眼神向前下看，身體便會自然往後退。（圖1-18）

圖1-19

圖1-20

三、左　顧

在五行中屬木，方位正東，人體對應竅位是夾脊穴，此穴屬肝經。

訣曰：「左顧屬木竅夾脊，以意行氣脊貼氣，螺旋直進動中擠，進退轉換旋轉體。」

練法：如欲旋轉前進，先抬起雙臂並伸直與肩平，兩手食指直指前方，其餘四指回扣手心。只要意想夾脊穴往實腳之湧泉穴上落，身體便會自然地螺旋著前進。（圖1-19、圖1-20）

圖1-21

圖1-22

四、右　盼

在五行中屬金，方位正西，人體對應竅位是膻中穴，此穴屬肺經。

訣曰：「右盼屬金竅膻中，以意行氣體轉動，左轉右動如蟲蛹，長蛇出沒行無蹤。」

練法：如欲旋轉後退，只要右手抬起至與乳平（即使拇指和膻中穴相平），手心向下，同時左手抬起至肚臍與心窩之間，手心朝下，意想膻中穴微收，眼神順左食指方嚮往下看，入地三尺，身體便會自然地螺旋後退。上述為左虛右實，反之亦然。（圖1-21、圖1-22）

圖1-23

五、中　定

在五行中屬土，方位正中，人體對應竅位是丹田穴，此經屬脾經。

訣曰：「中定屬土竅丹田，土生萬物氣抱元，三田合一乾三連，頂天立地宇宙間。」

練法：如欲立穩重心，兩手叉腰意想命門和肚臍，立時就會身穩如山岳。（圖1-23）

第二章
王培生三十七式
太極拳體用解

　　這套架式共分為三十七式，178動，每勢的動作均作為雙數，最少的兩動，最多的20動。預備勢並無動作，不在三十七式之內。

第一節　三十七式太極拳動作名稱

　　一、起勢（4動）

　　二、攬雀尾（8動）

　　三、摟膝拗步（6動）

　　四、手揮琵琶（4動）

　　五、野馬分鬃（4動）

　　六、玉女穿梭（20動）

　　七、肘底看捶（2動）

　　八、金雞獨立（4動）

　　九、倒攆猴（10動）

　　十、斜飛式（4動）

　　十一、提手上式（4動）

　　十二、白鶴亮翅（4動）

第二節　三十七式太極拳體用解

預備勢

預備勢的命名釋義：凡是運動將要開始之前，都必須要有所準備的意思。

面對正前方（正南）併腳站立；兩臂自然下垂。使掌心貼近大腿外側。手中指指尖緊貼褲線即風市穴；頭頂正直，舌抵上齶，兩眼平遠視，體重平均在兩腳，意在兩掌指尖。（圖2-1）

圖2-1

此勢要求摒除雜念，使身心達到虛靜和鬆空。這意思就是說，將全身骨節鬆開，肌肉不許有絲毫緊張為原則，能如此練習，養成習慣之後，全身運動起來會自然產生出「鬆空圓活」之妙趣。

【感覺】

身體好似站在一條搖擺的船上一樣在搖擺著。這時就說明思想已無雜念而達到入靜的狀態。否則，身體搖晃沒有發覺的話，那麼，可以說明思想上還有雜念未淨。

以上這些意思，總的來說就是從一開始練起，使身上就產生了一種特別舒適的感覺，而這種感覺只可意會，更有非筆墨能形容之妙！一直練到收勢完了，始終保持使每個動作後都能做到如所想像的感覺。這種舒適之感會使「手之舞之，足之蹈之」。練後只知舒服，都忘卻累了。

一、起勢（4動）

起勢的命名釋義：凡是運動的開始、開頭、起頭、頭一個動作，叫起勢。

1. 左腳橫移

身體和頭頂保持正直，用意念想鼻尖微向右移和右腳大趾成上下垂直線，然後使尾骶骨和右腳跟上下對正；這時，左腳自然向左橫移至與肩同寬為度，腳大趾虛沾地面；兩眼仍向前平視；重心寄於右腿；意念在右手小指指尖。（圖2-2）

【感覺】

身體右半邊緊張，左半邊鬆弛。

【用法】

對方用右手扒著我之左肩向右橫撥或橫搬時，我則用意想自己的右肩或身之右側某部位即可。這樣一想對方就撥不動了。

圖2-2

圖2-3

2. 兩腳平立

意想從右手的小指指尖開始想起，依次序想無名指、中指、食指、拇指、掌心、掌根；與此同時，左腳二、三、四、五趾、腳心、腳跟也自然地依著次序相繼漸漸落平；重心平均在兩腿，視線不變；意在兩手的食指指尖。（圖2-3）

【感覺】

喘了一口很痛快的氣，同時感覺上身輕鬆舒適，從橫膈膜以下特別沉穩，兩腳如樹植地生根。

【用法】

此式為太極自然樁法，既可攝生，又有防守六面勁（防守上下、前後、左右進攻之作用）。「授秘歌」中所說的「應物自然」之句，即指此法而言。

3. 兩腕前掤

用意念想兩手指尖，使指關節先舒展直，然後想手指肚向手心靠攏，這時兩手腕產生動力將兩臂自然引向前上方平舉，至手腕高與肩平，寬與肩齊為止，視線和重心均不變；意在手心。（圖2-4）

【感覺】

前胸舒暢，有饑餓感，好像餓了似的，有想吃東西的意思。

【用法】

自己手腕被對方攏住時，我即將五指撮攏回收使腕部向前突擊其掌心，而使對方身體重心傾斜而後仰跌出。

4. 兩掌下採

用意先想兩手背，這時兩臂自然降落至拇指尖貼近兩腿外側，掌心向下，指尖朝前，臂微彎曲；同時，兩膝鬆力，身體向下蹲，使髕骨尖和腳尖上下成垂直線為度；同時，小腹微收，兩眼向前平視，重心仍在兩腳；意在外勞宮（即手背）。（圖2-5）

【感覺】

由於「尾閭中正神貫頂，滿身輕利頂頭懸」，大腿和小腿發脹、發熱而有勁，顯示下盤穩固。

【用法】

對方攏住我之手腕往後拽時，我隨將五指舒伸，向下、向後沉採（注意沉肩墜肘，鬆腰提頂），此時對方即

圖2-4

圖2-5

應手向前撲跌或前栽。

二、攬雀尾（8動）

攬雀尾的命名釋義：此動作有象形之意。把對方擊來之手臂比喻為鳥兒的尾巴。將自己的手臂比喻為繩索，用之旋轉、上下、前後、左右纏繞對方的手臂，即隨其動作而動作，就好像使繩索捆縛雀尾而不讓它逃脫之意，故取此名。

1. 左抱七星（掤手）

用意想「會陰穴」向右後下方移動，使尾骶骨與右腳跟上下對正，然後鬆左肩、墜左肘，左掌會自動地向前上方掤

圖2-6

起，到掌心向後上方，拇指與鼻尖前後對正為止；同時，右掌也自動地向胸前移動至中指尖貼近左臂彎處為止，掌心朝前下方，然後墜右肘、鬆右肩；這時左腳會自動地朝正前方把腿舒直，腳跟著地、腳尖翹起（成右坐步式）；兩眼從左掌拇指上方平遠視，重心在右腿，意在右肩。（圖2-6）

【感覺】

右掌心和左腳心輕微蠕動，右大腿和小腿發脹發熱。

【用法】

如對方擊來右拳，我則以左肘沾其右肘，並以右腕沾其右腕，使其右臂伸直不讓它彎曲，此時對方即被掤起（拿起來了）。

2. 右掌打擠

用意想鬆右肩，墜右肘，右掌會自動的向前移動至掌

圖2-7

心與左脈門相貼為止；這時，左臂自動彎曲橫於胸前，左掌掌心向後，指尖朝右；右掌掌心向前，指尖朝天，以食指尖與鼻尖前後對正；同時，左腳逐漸落平，左腿屈膝前弓，右腿在後伸直（成為左弓箭步）；重心在左腿，兩眼從右食指上方向前平遠視，意在脊背。（圖2-7）

【感覺】

全身力量完整，力係發之由腳而腿、而腰，達於脊背，行於手指。因之有氣勢澎湃之感。

【用法】

接上動隨之，用「擠勁」（推切手）發之，我以左前臂橫於對方之胸部前方，復以右掌向前推至左脈門處，同時脊背微向後倚。這時對方則應手跟跟蹌蹌跌出或仰面摔倒。

3. 右抱七星

眼神看向西南方、正西方。右手食指引導，以右掌掌根沿左掌大指向右前上方移動到指尖處；這時，以左腳跟為軸，扣腳尖向正西；尾骶骨與左腳後跟上下對正；右腳以腳掌為軸，腳跟收向正東，右掌以大拇指引導向前漸伸漸轉，至正向西方時掌心翻轉向內，大拇指遙對鼻尖，左掌在右掌翻轉時下撤，至中指貼於右臂彎處為止；同時，身子也隨之向右轉；之後，揚右腳尖，右腳跟虛著地面；左腿屈膝略蹲，身體重心落於左腳（兩腳形成左坐步式）；眼從右大拇指上方向前平遠看，意在左肩。（圖2-8）

【感覺】

左腿發脹、發熱；左手心和右腳心有輕微蠕動。

【用法】

當對方從我右側擊來，我以左手接住來手，以右掌外沿劈擊對方頸部。

4. 左掌打擠

右掌小指放鬆，右腕放鬆，輕輕上提，邊鬆邊提，使肘與小指成平直線橫於胸前，右掌掌心向後，指尖向左；左掌掌心向前扶在右腕脈門處；同時，右腳漸漸落平，隨之，屈膝略蹲；左腿舒直，身體重心落於右腳（兩腳形成右弓步式）；兩眼從左掌食指的上方向前平視，意在脊背。（圖2-9）

圖2-8

圖2-9

【感覺】

右腿發脹、發熱；脊背後撐，兩臂前撐，氣勢完整。

【用法】

當對方捋我右臂，我順勢進步進身，出左手追右臂，即可將對方擠翻。

5. 右掌回捋

右掌向前方舒伸，掌心翻轉向下，左掌以四指尖扶右腕脈門處，掌心隨右掌翻轉向上，至右臂舒直與右腳小趾上下成一直線時，身向後坐，重心移於左腳；同時，右肘鬆力，右掌循外弧形線向右後下方回捋到右肘貼近右肋；左掌四指的指尖仍扶右腕脈門，隨右掌轉動而轉動，右肘往後鬆力，右掌心翻轉向上，左掌心翻轉向下；腹部回收；同時，右腳跟著地，腳尖翹起（形成左坐步式）；兩眼始終注

圖2-10　　　　　　　　圖2-11

視右掌食指尖；意在右掌掌心。（圖2-10、圖2-11）

【感覺】

左腿發脹、發熱；右手心和左腳心發熱與蠕動；胃腸也微微蠕動。

【用法】

當對方出右拳向我擊來，我以右手刁住對方的手腕，同時向後坐身，右腳趾前伸，則可將對方連根拔起而向前傾跌。

6. 右掌上捌

右掌以食指引導循內弧形線向左前上方舒伸，至左腳前時，右腳漸漸落平，右腿屈膝前弓；左腿舒伸（兩腳形成右弓步式）；同時，右掌繼續向右前方移動，至右臂伸直，手的大拇指與右腳的小腳趾上下成一條直線為度；右

圖2-12

掌心向上，指尖朝前；左掌心向下，四指尖仍扶在右腕脈門處，重心在右腳，眼看右掌食指指尖；意在右掌掌心。
（圖2-12）

【感覺】

全身舒暢；右手心和小腹發熱，或輕微蠕動。

【用法】

拿住對方的右腕往裏撑轉，然後再以對方的手去找對方脊背之大椎處，則可將對方掀翻。

7. 右掌反採

右肘鬆力，右掌以食指引導向右後方走外弧形線移動，左掌仍以四指尖扶右脈門隨著移動，至右掌轉到右耳旁，手大拇指、中指和右眼角三點成一直線時止；同時，左膝鬆力，向後坐身，右腿舒伸，腳跟著地，腳尖翹起

圖2-13

圖2-14

（形成左坐步式），重心在左腳；兩眼始終注視右掌食指指尖，意在右掌掌心。（圖2-13）

【感覺】

左腿發脹、發熱；右掌心發熱。

【用法】

當對方抓住我右腕，我微順對方，然後往後坐身，即可將對方採起，使對方雙腳離地而失衡前撲。

8. 右掌前按

腰微鬆，右肘尖微向前下鬆垂；右腳尖向左轉使腳尖朝正南，右掌先順右腳尖方嚮往前按出，然後再以大拇指引導向右腳小趾方向按出；左掌仍扶在右腕脈門處。右膝微屈，重心落於右腳；左腿舒伸，左腳位置不變，兩腳形成丁八步；視線注於右掌食指尖，意在右掌掌心。（圖2-14）

【感覺】

胸寬暢通，背圓力全；右腿發熱。

【用法】

當對方出右手向我擊來，我以右腕黏住對方手腕向右後上方一引，復以右掌照其面部推去；同時，左手向對方背後推抹，對方必仰跌。

三、摟膝拗步（6動）

摟膝拗步的命名釋義：此式名稱來由於術語，即左腳在前而推右掌或右腳在前推左掌，形成左右交叉式，術語稱之為「拗步」；拳法中講：以手橫過膝關節或下按膝關節等動作稱為摟膝，是破敵攻下路的方法，故取是名。

1. 左掌下按

用意想右掌腕部鬆力使虎口和右耳孔相貼；然後，墜右肘、鬆右肩，這時左腿會自動地向左橫開一步，左腳跟著地，腳尖翹起；同時，身體和左臂也自動向左轉向正東，左掌掌心向下和左腳大趾上下成垂直線，兩眼注視左掌食指，重心在右腿；意在右肩。（圖2-15）

圖2-15

【感覺】

右腿發脹，發熱；左掌自然產生出一種向前下的按勁。

【用法】

如對方用右腳向我腹部踢來，我即以左掌對準其膝關節下按，使對方不踢則已，若踢之則自行倒退失敗。

2. 右掌前按

眼神離開左手食指，抬頭向前方平視，這時開始用意想右肩找左胯，感到左腳跟吃力；想右肘找左膝，腳放平時再想右掌找左腳。這時右掌無名指像紉針似地向前夠針孔，到身體重心由右腿移到左腿時立掌，凸掌心使指尖立起朝天，右臂微直外旋；同時，右腳隨之向右外開。之後意念轉到左掌心，左臂微屈，左中指尖與左肘尖成一直線，左掌心按地面，到右腳能自然離開地面為度；發右掌時不要用力向前推，讓它自己到，怎麼到呢？就是眼順右掌拇指上面平視前方。眼往哪裏看掌往哪裏推，不去想推的動作而是想右肩找左胯、右肘找左膝，右掌自然向前，之後右臂外旋，右腳跟外開，腰子合上，左掌一捺地，前推勁就出來了。（圖2-16）

【感覺】

左大腿和小腿發脹、發熱；兩掌心亦同時發熱和蠕動。

【用法】

接上動，當對方以右腳踢我落空後，其必向前下方落步，我立即進左步緊貼其右腿內側，同時，發出右掌擊其前胸或面部，這時對方則應手跌出。

圖2-16　　　　　　　　圖2-17

3. 右掌下按

用意想左腕鬆力向上提至左耳旁，虎口貼近耳孔；同時，右掌自動地向前下方按出，掌心向下，兩腳位置不變仍為左弓箭步，重心仍在左腿；墜左肘，鬆左肩，這時右腿自動地向前邁進一步，腳跟著地，腳尖翹起；右掌掌心向下，對正右腳大趾，兩眼注視右掌食指指尖，意在左掌掌心。（圖2-17）

【感覺】

左腿發脹、生熱。

【用法】

如對方以左腳向我腹部踢來，我即以左掌對準其膝關節向下按，使對方不踢則已，若踢之則自行倒退失敗。

4. 左掌前按

眼神離開右手食指，抬頭向前方平視。意想左肩找右胯，感到右腳跟吃力時，再想左肘找右膝，當腳放平之後，想左掌找右腳，這時左掌無名指像紉針似地向前攝針孔，到身體重心由左腿移到右腿時立掌，凸掌心使指尖立起朝天；左臂微直外旋，之後意念轉到右掌心，右臂微屈，右中指尖與右肘尖成一直線，右掌心按地面，到左腳能自然離開地面為度；兩眼順左掌拇指上面向前平視，重心在右腿；意在右掌心。（圖2-18）

【感覺】

右大腿和小腿發脹、發熱，兩掌掌心亦同時發熱或蠕動。

【用法】

接上動，當對方以左腳踢我落空後，其必向前下方落步，我立即進右步緊貼其左腿內側，同時，發出左掌擊其前胸或面部。這時，對方則應手跌出。

5. 左掌下按

左掌以食指引導向前下按至右膝前為止，掌心向下；同時，右腕鬆力向上提至右耳旁，重心仍在右腿；然後，墜右肘、鬆右肩，這時左腿會自動地向前邁進一步，左腳跟著地，腳尖翹起；左掌掌心向下和左腳大趾成垂直線；兩眼注視左掌食指尖，意在右掌掌心。（圖2-19）

圖2-18　　　　　　　　圖2-19

【感覺】

右腿發熱、發脹。

【用法】

因對方用腳踢我，必先提膝之後才能發小腿，所以摟膝的目的是用一隻手按對方的膝關節（對方踢右腿我用左手按，對方踢我左腿，我用右手按），對方再踢，他自己就站不住了，對方不踢腳就落在我身邊，即下按手的側面，而我的腳落在他腳的內側，這時下按的手就不再去管它了。抬頭看對方，發另一隻手，發的手不要用力也不要軟，沾著對方後，臂外旋，後腳跟向外開，旋轉後，下按的手臂一彎，肘向後下方一沉就產生了下沉勁，身子也隨之下沉，手心一熱，後腿蹬直，後腳就有了撐勁，對方也就被發出去了。此動作就是用左掌按對方的右膝關節，待機而發之勢。

6. 右掌前按

眼神離開左掌食指尖，抬頭向前方平視；同時，意想右肩找左胯，右肘找左膝，這時左腿屈膝前弓成為左弓箭步，眼順右掌拇指上面向前平視；重心在左腿，意在左掌掌心。（圖2-20）

【感覺】

左大腿和小腿發脹、發熱；兩掌掌心亦同時發熱或蠕動。

【用法】

當對方以右腳踢我落空後，其必向前下方落步，我立即進左腳緊貼近其右腳內側，同時發右掌擊其前胸或面部，對方必應手跌出。

四、手揮琵琶（4動）

手揮琵琶的命名釋義：兩手一前一後，前後擺動滾轉，好似揮彈琵琶的樣子，故取此為名。

1. 右掌回採

用意想左掌、左肘、左肩逐漸依次放鬆關節，這時右膝微微一屈，身子就自動地往後坐，右掌往後撤至大拇指與心口窩對正，掌心朝左；左掌心向下貼近左胯，這時鼻尖、右膝關節和右腳尖，三尖上下相照即成垂直線，尾骶

<table>
<tr><td>圖2-20</td><td>圖2-21</td></tr>
</table>

骨與右腳跟上下對正，重心在右腿。身子坐好後，左腳尖剛要一翹時就拿左腳尖點地，右大拇指就有了墜勁；兩眼向前平遠視，意在左肩。（圖2-21）

【感覺】

右大腿酸脹，小腿有勁、沉穩。

【用法】

當對方將我右手腕刁捋著並向後拽時，被拽的右手臂不可用力抵抗，只是意想左肩與右胯相合，之後即使對方拽不動自己，而反把對方拽過來了。

2. 左掌前掤

用意念想右肩找左胯，胯一沉，左腳尖就往上翹，再想右肘與左膝合，腳翹得還高，然後想右手心與左腳心微微一貼，貼上以後，用手心吸左腳心，實際是使左臂自然

上升，吸到左手大指與鼻尖對正，臂微彎曲，右手中指扶在左尺澤穴；兩腿形成右坐步式，重心在右腿不變，兩眼順左手大指上面向前平遠視，意在右掌掌心。（圖2-22）

【感覺】

右腿發脹、發熱；右掌心和左腳心輕微蠕動。

【用法】

當對方用右拳向我前胸擊來，我則以左臂肘部黏其右肘，並以右掌腕黏其右腕，使其右臂伸直不讓其彎曲，這時對方即被我拿起來，失去重心任人發放矣。

3. 左掌平按

右手翻轉朝天並向左前方一伸，意想拿右手往左腳底下塞，去托左腳心，往上托，一想托腳心左腳尖自己就往下落，體重前移，左腳放平好似踩在右手心上，右手越托越托不動，托不動就得沉肘，這時拿右曲池穴找左陽陵泉穴，使二穴成上下垂直線，身子自然要斜向右旋轉，再拿右肩井穴找左環跳穴，合到右腳能抬起為度，左掌掌心翻轉朝向地面，指尖向右前方，自然產生向前、向下的按勁。

右腳一虛，左掌就按，這是合。接著是開，即左肩、左肘、左腕全舒展開了，力量才大，因肩鬆氣到肘、肘沉氣到手，把氣貫到中指尖，意念一放到這兒，力量就大了。這動作最後是左掌以食指引導從右前方向左前方移動，左掌心朝下，右掌掌心朝上貼近左臂彎處，兩腿成左弓步式，重心在左腿；眼神從左手食指尖注視前方；意在左手中指指尖。（圖2-23）

圖2-22

圖2-23

【感覺】

全身舒暢，左掌心和右腳心蠕動。

【用法】

如我右手腕被對方用右手攥著，我則掩右肘，對方身體必向前斜傾，此時，我左掌向右前方先壓其右肘，然後拿左掌的中指尖找對方的左耳後的翳風穴，貼住以後想從左翳風穿透到右翳風。

4. 左掌上掤

以左手大指為軸，小指引導翻轉使掌心朝上，然後左手緩慢向上托起，托到感覺右腳跟離開地面，腳大趾點地，左手繼續上托，沉左肘似貼地面，右腳自然向左腳靠攏（注意：手向上托時不能洩勁，手一弱，右腳就提不起來了）。之後鬆一下左肩，用左肩找右胯，感到右腳一落

實，右手自然下落，落到右手（手心向下）脈門與肚臍一平，然後眼神往左前上方往遠處看，左手追跟神，送到左手中指尖與眉齊，同時向左轉腰使右手脈門貼住右肋，鬆肩墜肘，手臂微屈，重心在左腿；意念在左手手心。（圖2-24）

【感覺】

左腳如樹植地生根，左掌心和右腳心有輕微蠕動。

【用法】

如對方之右臂已被我拿直，身子也成背勢不得力而欲逃脫時，我繼以左掌掌心向上托著對方之右臂肘關節，同時右掌心向下黏其右腕關節，左右兩掌上下一齊用勁即撅其反關節。這時對方已被我拿起來了，想逃脫也逃脫不了。只有隨我任意擺弄，如果一較勁其臂就會被折斷。

五、野馬分鬃（4動）

野馬分鬃的命名釋義：此式亦是象形動作，係以身之軀幹比喻為馬之頭部，將四肢此喻為馬之頭鬃，即兩臂左右、上下之擺動和兩腿左右、前後邁進時之手足左右交織之動作，有如野馬奔騰時形成馬頭之長鬃向前後、左右搖擺之狀態，故取此名。

1. 左掌下採

接上動，面向東，身體重心在左腿，鬆左肩，墜左

圖2-24

圖2-25

肘，然後以左掌小指引導向右後下方移動，使左手手背貼到右膝外側，指尖向下，上身不要打彎，直著下蹲，眼向前平視，右手就會往上升，手心朝上托，升到與眼平時，拿右肘找左膝，右手自然向左撥出，之後眼從右手臂處向左前方看，想右肩找左胯，左腳自然邁出一步，腳跟著地，腳尖翹起，重心在右腿，意在右肩。（圖2-25）

【感覺】

右腿發脹、發熱、發酸。

【用法】

此勢是破打嘴巴子的最好的方法。假如對方以左手打我的右嘴巴時，我則以右手輕輕一托其左肘，隨之，進左步鎖其雙腳。此動作為入榫，是一個完整動作的二分之一，即前半個動作，若要把對方摔倒的話。那麼，還必須與後半個動作結合起來才起作用。

2. 左肩打靠

接上動，鬆右肩，開右胯，沉右肘，鬆右腕，右手舒展向前伸，伸到身體重心移到左腳，到後腳能抬起時為度，手心朝下，指尖朝前。身體重心移到左腿之後，鬆左手腕使虎口展開，手心朝上，順右臂往上抬起，抬到左小手指高與左耳平，左臂輕輕伸直，平著向右轉身。轉到左手與右腳成一條直線，然後腰繼續向右轉，轉到左肘與右膝成一條直線，再使左肩與右胯成一直線（這時力量才能達到左肩。左膝向外撐。不要往裏使勁）；同時，右手自然下落到右踝骨上方，右手心朝下，眼看右手的中指指尖。（圖2-26）

【感覺】

左腿發脹、發熱。

【用法】

如對方用左手打我的右嘴巴子，我就用右手向左托其左肘，同時進左步將其雙腿鎖住，然後進左肩貼緊對方之左腋下，然後兩臂前後分開，眼看後手（右手）中指指尖；左肩頭自然產生向外打靠之巨大力量，使對方觸之即倒退，跌出很遠。

3. 右掌下採

鬆左肩、墜左肘、左掌自然抬起，同時眼神離開右手中指看食指、大拇指，再離開右手大拇指，抬頭，向正前方（正東）平視；這時右手自然移到左膝左側，右手背貼

圖2-26

圖2-27

近左膝；隨之墜左肘、鬆左肩，眼神向右前方平視；同時，右腳向右前方邁進一步，腳跟著地，腳尖翹起，重心在左腿，左掌貼近右耳；意在左肩。（圖2-27）

【感覺】

左腳脹、發熱、發酸。

【用法】

如對方以右手打我的左嘴巴時，我則以左手輕輕一托，同時進右步鎖其雙腿。此動作為入樺，是引拿勁，是一個動作的前半個動作。

4. 右肩打靠

接上動，鬆左肩、開左胯、沉左肘、鬆左腕，左手舒展向前伸，伸到身體重心移到右腳，手心朝下，指尖朝前；身體重心移到右腿之後，鬆右手腕使虎口展開，手心

朝上順左臂往上抬,抬到右手的小指高與右耳平時,右臂
輕輕伸直,平著向左轉身,使右手和左腳在意識上好似接
上頭,形成一圓圈,然後在這圓圈當中再產生三條直線,
即右手與左腳、右肘與左膝、右肩與左胯,成三條直線;
同時,左手自然下降,落到手心與左外踝骨上下對正,眼
看左手中指指尖。(圖2-28)

【感覺】

右腿發脹、發熱。

【用法】

如對方用右手打我的左嘴巴時,就用左手輕輕一托他
的右肘再往右一撥,同時進右步將他的兩腿鎖住,之後用
右肩頭貼住對方的右腋下,然後兩臂前後分開,眼看後手
(左手)的中指尖。這時右肩頭自然產生出向外打靠之巨
大力量,使對方觸之即倒退,或跌出很遠。

六、玉女穿梭(20動)

玉女穿梭的命名釋義:此式之動作柔緩,而左右運轉
交織,環行四隅,連續不斷,往復折疊,進退轉換,纖巧
靈活,就雅如玉女在織錦運梭一般,故取此為名。

1. 右腕鬆轉

右掌掌心由朝上漸漸翻轉朝下,同時眼神離開左掌的
中指、食指、拇指指尖,之後抬頭,眼再從右掌食指沿右

圖2-28　　　　　　　　　圖2-29

掌外側弧形轉視右肘尖，這時左掌隨著眼的轉視動作自然
上抬至掌心托右肘，隨之右肩一鬆，左腳自然前進一步，
腳跟著地，腳尖翹起，形成右坐步式；重心在右腿，意在
右肩井穴。（圖2-29）

【感覺】

精神振奮，右掌心和左腳心微微蠕動。

【用法】

如對方將我右手腕捋住往後拽時，我將被拽的右手腕
若無其事地把它忘掉，只是眼神從右掌食指沿右掌外側弧
形轉視右肘尖，這時，對方反被我拿了起來。同時進左步
鎖住對方的雙腿，形成待發之勢。

2. 左掌斜掤

左腳跟著地後，鬆右肩沉右肘，感到右手心有動的意

思時，凸掌心往左前方舒展，這時鬆右手腕找左腳，左腳放平時，右肘找左膝，身體重心移到左腿時，右肩找左胯，這時右腳後跟微微往外一開，這時意想左肩、左肘、左手腕部等逐遞鬆力使左掌心翻轉向上，向左前方伸展到左手脈門與右手四指貼住，以後再想左手的大拇指指甲好似貼在地面上，然後再逐遞想食指、中指、無名指、小指等指甲均貼在地面上，五個指甲一貼地面後，右腳自然虛起，至能抬起離開地面為度；這時兩腳形成左弓步式，重心在左腿，兩眼視線順左掌食指的上方向前平遠看，意在左手的指甲上。（圖2-30）

【感覺】

左大腿和小腿發脹、發熱。

【用法】

如對方用右手向我胸部打來，我也用右手輕輕一貼他的右手腕，同時身體先向左微微一轉，再向右轉身，然後進左步鎖住他的後腿。左掌向前伸至與對方的左肋靠近，隨即向左後方用斜掤勁發出。這是破中平手法的招式。

3. 左掌反採

左掌以食指引導，弧形向左後上方（西北隅）移動，右掌大拇指撫於左臂內側隨著移動；同時，右膝鬆力，向右後方坐身；左腿伸直，腳跟著地，腳尖翹起，形成右坐步勢，重心在右腿，視線隨左掌食指移動，意在左肩井穴。（圖2-31）

圖2-30　　　　　　　　圖2-31

【感覺】

右腿發脹、發熱，左手心發熱和蠕動。

【用法】

如對方用右掌向我頭部打來，我就用左掌黏住他的左前臂，然後使左腕外旋，用手心上托，同時上身往後一坐，即將對方拿起。

4.右掌前按

左腳逐漸落平，左腿屈膝前弓，右腿伸直，重心移至左腿，形成左弓步式；同時，右掌離開左臂向左前方（東北隅）按出，左掌掌心翻轉向上，左食指尖與左眉梢上下成垂直線，兩掌虎口相對，視線注視右掌食指；意在左掌掌心。（圖2-32）

圖2-32

圖2-33

【感覺】

左右兩掌掌心微微蠕動，左腿發脹、發熱。

【用法】

此動作與3動是前後銜接的動作，當左掌旋轉將對方拿起之後，隨之發右掌擊打對方前胸，這是破上面來手之法。

5. 左掌右轉

右臂鬆力，右掌掌心逐漸翻轉向上，靠近左肋，左掌以食指引導向右後方轉去，左腳尖也隨之轉向正南方，身隨步轉；左掌繼續再轉至面向正西時，右腳尖點地、腳跟虛起，兩膝相貼，重心仍在左腿，視線隨左掌食指尖轉向右前方（西北隅）；意在左掌掌心。（圖2-33）

【感覺】

全身扭轉，有如盤香螺旋撐勁之感。特別是脊背覺得

圖2-34

圖2-35

「背圓力全」有膨脹之意。此動作是以轉腰為主。

【用法】

如對方將我抱住時，在對方抱得似緊非緊的時候，我只要身體一轉對方就會抱不住而被甩出去。

6. 右掌斜掤

左肩鬆力，使左臂舒直，左掌掌心向左後方（東南方）下按；同時右腳自動的朝右前方（西北方）橫移一步，腳尖虛點地面；這時左掌以食指引導繼續走弧形向右夠右耳尖，眼神一看左手食指，右腳腳跟就自動向裏回收，隨之右腳落平，右腿屈膝，身體重心移於右腿，左腿伸直，兩腿形成右弓步式；同時，右掌掌心沿左臂向右前方移動，移到左掌的四指指尖和右掌脈門相貼為度；視線隨右掌食指，意在右掌掌心。（圖2-34、圖2-35）

【感覺】

右大腿和小腿發脹、發熱。

【用法】

如對方用左手向我面部或前胸打來時，我就用左手輕輕一黏他的左手腕，身體先向右微微一轉，再向左轉身，同時進右步鎖住對方後腿；右手向前伸，伸到對方的右肋間貼近，隨即向右後方用斜掤勁掤出，這時對方便被我發出很遠或摔倒在地。這是破中平擊來的手法。

7. 右掌反採

右掌以食指引導弧形向右後上方（東北隅）移動，左掌大拇指撫右臂內側處隨著移動；同時，左膝鬆力，身向後坐，右腿舒直，腳跟著地，腳尖翹起，兩腿形成左坐步式；重心落於左腿，視線隨右掌食指移動，意在右肩井穴。（圖2-36）

【感覺】

左腿發脹、發熱，右手發熱和微有蠕動。

【用法】

如對方用左手向我頭部打來，我就用右手輕輕一貼他的左前臂，之後使右腕外旋，手心向上一托，同時上身往後微微一坐，即將對方拿起來了。但須控制對方以使其重心始終處於不穩定狀態為原則。

8. 左掌前按

左掌離開右臂向右前方（西北隅）按出，左食指與鼻

圖2-36　　　　　　　　圖2-37

尖前後對正為度，右掌掌心向上（臂外旋仍使掌心轉向
上，兩掌虎口相對）；同時，右腳落平，右腿屈膝前弓，
身體重心移至右腿，左腿伸直，兩腳形成右弓步式；視線
經左掌食指上方平遠看，意在右掌掌心。（圖2-37）

【感覺】

左右兩掌掌心微微蠕動，右腿發脹、發熱。

【用法】

此動作與7動是前後連接的動作，當右掌旋轉將對方拿
起之後，隨之，發左掌擊敵前胸。這是破上邊來手之法。

9. 兩掌內合

兩臂鬆力，右掌向前舒展下落與肩平，左掌斜向下移
到手大拇指貼右臂內側；同時，左膝鬆力，往後坐身，重
心移至左腿，右腿舒直，右腳向左橫移至與左腳前後直線

對正，腳跟著地，腳尖翹
起；同時，兩掌向左前移
動，身體也微向左轉（面向
正西方），右掌掌心轉向裏
與左掌掌心遙遙相對，視線
從右掌大拇指上方向前平遠
看；意在右肩井穴。（圖
2-38）

圖2-38

【感覺】

前胸特別舒暢；左腿發
熱、發脹。

【用法】

如對方用左掌擊我胸部時，我先以右臂肘關節貼住他
的左肘，並用左掌腕部黏住他的左手腕之後，同時往自身
的左後方微微向上一提，即將對方拿起，形成待發之勢。

10. 右掌下採

左掌以食指引導向右上方斜角移動，到右耳外側（手背
靠近右耳孔）時，右掌以小指引導向左下方移動到左膝前，
掌心向左，指尖向下，兩腳的位置不動，重心仍在左腿；眼
向前方（正西方）平遠看，意在左掌掌心。（圖2-39）

【感覺】

左腿發脹、發熱、發酸。

【用法】

如對方將我右腕攦住時，我就將左掌向上方抬起至手

圖2-39　　　　　　　　　　圖2-40

背靠近右耳處，這時右臂自然發出一種向下沉採的力量，即使對方身體向前傾斜或栽倒。

11. 右腳橫移

右腳向右橫移半步，腳跟著地，腳尖翹起，重心仍在左腿，兩腳形成左坐步式；視線轉向右前方（西北方），意在左肩井穴。（圖2-40）

【感覺】

左腳如樹植地生根；左大腿發熱、發酸；右掌指尖發脹。

【用法】

以右腳向右前方邁進半步，目的是鎖住對方之後腿，伺機待發之勢。

12. 右肩右靠

右掌以食指引導，從肘前部向右前方舒展，左掌以食指引導，從肘前部向左前方舒展，右腿屈膝前弓，到右腳落平時，兩掌在正前方相合，隨即分開，左掌向左後方斜下落，右掌則向右前方斜上移，以左掌心移到對正左腳外踝，右掌伸到極度為止；重心在右腳，成右弓步式；視線隨左食指尖看，意在右肩井。（圖2-41）

【感覺】

右腿發脹、發熱、發酸，全身力量貫到右肩。

【用法】

以左手撥開前面的干擾，然後用右肩貼近對方胸肋部之後，馬上回頭。這時，右肩自然產生出很大的勁而使對方接觸後跌倒出去。

13. 右腕鬆轉

動作與1相同。（圖2-42）

14. 左掌斜掤

動作與2相同。（圖2-43）

15. 左掌反採

動作與3相同。（圖2-44）

圖2-41

圖2-42

圖2-43

圖2-44

16. 右掌前按

動作與4相同。（圖2-45）

圖2-45

圖2-46

17. 左掌右轉

動作與5相同。（圖2-46）

18. 右掌斜掤

動作與6相同。（圖2-47、圖2-48）

19. 右掌反採

動作與7相同。（圖2-49）

20. 左掌前按

動作與8相同。（圖2-50）

圖2-47

圖2-48

圖2-49

圖2-50

七、肘底看捶（2動）

肘底看捶的命名釋義：此式名稱為術語，以兩掌均變為拳，在肘下面的拳為主，也稱看式，指防守的意思，而上

面的拳（捶）是擊之法，也是處於等待之勢，故取此名。

1. 雙掌按捋

右掌以食指引導向右斜前上方（東南）伸出，到右膝前，右掌在左掌之前上方；同時，左腳向前伸出成正步，繼續以右掌向左後下方捋到左膝前，左掌往後移到左胯外側，左腿屈膝前弓成左弓步式，重心落於左腳，視線隨右掌食指尖看，意在右掌掌心。（圖2-51）

【感覺】

右掌心與左腳心蠕動。

【用法】

如對方以左掌向我胸前打來，我則以右掌捋住對方左臂肘部並以左掌刁住左腕，同時上體略微前傾，左右兩掌刁捋其左臂朝身之左側沉採，使對方向前仆跌。

2. 左肘上提

左腳不動，身體後坐成右坐步式；左掌漸變為拳，拳心翻轉向上，由左肋下向右，經過右臂內側向前上方伸出，以食指中節對正鼻尖為止，拳心向內；同時，右掌變拳向下鬆撒，以拳眼貼於左肘下為度，重心落於右腳，視線注於左拳食指中節，意在右拳。（圖2-52）

【感覺】

右腿發脹、發熱、發酸。

圖2-51　　　　　　　　　圖2-52

【用法】

見對方來手至胸前，即以前手捋其腕部，隨身體後撤而向後下方沉採（這時對方身向前傾斜）。同時以左拳從胸口往前上方衝擊敵之下頜。至肘尖與右手拳眼相觸為度。

八、金雞獨立（4動）

金雞獨立的命名釋義：此式是以一條腿支持體重，而另一腿屈膝提起懸垂不落，形如雞之單腿獨立狀態，故取此名。

1. 雙掌滾轉

兩拳同時鬆開變掌，掌心互相翻轉向左前方移動，右

掌伸到左肘下，掌心向下，
虎口朝後，左掌心向上，虎
口朝前，左腳落平，左腿屈
膝前弓成左弓步式；重心移
至左腳，視線注於右掌食指
指尖，意在左掌掌心。（圖
2-53）

圖2-53

【感覺】

　左腿發脹、發熱，兩掌
掌心蠕動。

【用法】

　對方用左拳向我前胸打來，我即用右手腕部（即手心
向下，虎口朝後）反扣其左腕，並以右肘壓其左肘，同時
以左手（手心朝上，虎口朝前）掐其咽喉。

2. 右掌上掤

　右掌以食指尖引導向左前上方舒伸，領腰長身；當右臂
向前達到左掌下時，提右膝，右掌指尖上指，繼續向右轉
動；當身轉向正前方時，右掌高舉，掌心向左，指尖向上，
左掌指尖下指懸垂於右腳腳跟；身向正東，左腳單腳獨立，
眼向正前方平遠看，意在右膝關節尖上。（圖2-54）

【感覺】

　腰部發熱；左腿發酸、發熱，右膝特別有勁。

【用法】

　對方以右掌向我面部打來，我以左手刁捋其右腕，同

圖2-54　　　　　　　　　　圖2-55

時以右臂黏住對方右臂外側向上挑伸，與此同時，提起右膝，撞擊對方之下腹部。使用此法要慎重。最好知之而不用為妙。

3. 雙掌滾轉

左膝鬆力，右腳下落，腳跟著地，右腿屈膝前弓成右弓步式；同時，右掌心向上，虎口向前，左掌貼於右肘尖外側，掌心向下，虎口向後，重心在右腳，視線注於左掌食指尖，意在右掌掌心。（圖2-55）

【感覺】

右腿發脹、發熱；兩掌掌心蠕動。

【用法】

對方如用右拳向我前胸打來，我即用左手腕（虎口）反扣其右手腕，並以左肘壓其右肘，同時以右手（手心朝

上，虎口朝前）掐其咽喉。

4. 左掌上掤

左掌以食指尖引導向右前上方舒伸，領腰長身，當左臂向前達到右掌下時，提起左膝，左掌指尖上指，繼續向左轉動；當身轉向正前方時，左掌高舉，掌心向右，指尖向上。右掌指尖下指懸垂於左腳腳跟。身向正東；右腳單腳獨立；眼向正前方平遠看，意在左膝關節尖上。（圖2-56）

【感覺】

腰部發熱，右腿發酸、發熱，左膝特別有勁。

【用法】

對方以左掌向我面部打來，我以右手刁將其左手腕，同時以左臂伸到對方左臂下面朝上挑伸，與此同時，提起左膝，撞擊對方之下腹部（習以防身，不用為妙）。

九、倒攆猴（10動）

倒攆猴的命名釋義：此式動作是以退為進，將對方所來之直力化為傾斜或使其打漩而敗退，則我形成追趕之式，故取是名。

1. 右掌反按

左肘鬆垂，肘尖虛對左膝，左掌在左耳外側（掌心向右），右掌以大拇指引導，向右膝前方按出（掖掌），掌心

圖2-56　　　　　　　　圖2-57

向外，指尖向下，目視右掌掌根；意在右掌掌心。（圖2-57）

【感覺】

腰部發熱，右掌掌心蠕動。

【用法】

如對方以右掌擊我前胸，我則以右掌向外發勁，擊其腹部。但要與對方右臂貼住，不離開為要。

2. 左掌前按

右掌以大拇指引導，向左轉摟左膝後鬆垂到右胯旁，掌心向下，指尖向前；同時，左腕鬆力變鈎；右膝鬆力向下蹲身，左掌以無名指引導，向正前方按出；左腳向後撤步，以左腿舒直為度，腳尖先著地（朝向正東），腳跟外開，逐漸落平，右腿屈膝前弓成右弓步式，重心移至右

圖2-58 圖2-59

腳，視線經左掌大拇指向前方平遠看；意在右掌掌心。
（圖2-58）

【感覺】

右腿發脹、發熱，兩掌掌心蠕動。

【用法】

對方以右手抄摟我之左腳時，我則以右手捋住對方之
右手腕向後，向右再向後下沉採，在對方上身前傾失去重
心之際，再以左掌擊其面部或右肋。

3. 左掌下按

左腕鬆力，左掌用指尖向右前方舒緩下按；同時，重
心後移至左腳，右腳尖翹起，左掌掌心與右腳大趾上下相
對；同時，右腕鬆力向上提到右耳外側，重心落於左腳，
目視左掌食指尖，意在右掌掌心。（圖2-59）

圖2-60

【感覺】

左腿發脹、發熱，兩掌掌心蠕動。

【用法】

對方以右掌向我面部打來，我則以左掌將其右臂，向前下方按出。同時坐左腿，身往後略撤即可，準備待發之勢。

4. 右掌前按

右掌以無名指引導，向前舒伸；同時，視線離開左掌食指尖向左前上方移去，右掌伸到正前方時，立身平看；右膝鬆力，右腳向後撤步，右腿舒直，腳尖虛點地面；同時，左掌回捋到左膝外側，掌心向下，右腳跟落平，左腿屈膝前弓成左弓步式；同時，立右掌，掌心向外，指尖向上，重心落於左腳，視線從右掌大拇指指尖上方平遠看，意在左掌掌心。（圖2-60）

圖2-61　　　　　　　　　　圖2-62

【感覺】

左腿發脹、發熱，兩掌掌心蠕動。

【用法】

對方以左掌向我面部打來，我則以左掌將其左手腕，先向右、向後再往身之左後方沉採，在對方失去重心，上身前傾之際，再以右掌擊其面部或左肋。

5. 右掌下按

右腕鬆力，右掌用指尖向左前方舒緩下按，同時重心後移至右腳，左腳尖翹起，右掌掌心與左腳大趾上下相對；同時，左腕鬆力，上提到左耳外側，重心落於右腳，目視右掌食指尖；意在左掌掌心。（圖2-61、圖2-62）

【感覺】

右腿發脹、發熱，兩掌掌心蠕動。

圖2-63

【用法】

對方以左掌向我面部打來，我即將身體重心移至右腿，身往後略微一撤，同時以右掌掌心黏貼對方擊來之左臂中部，微微向前下方一按即可將對方按出。

6. 左掌前按

左掌以無名指引導，向前舒伸，同時視線離開右掌食指，向右前上方移去，左掌伸到正前方時，立身平看；左膝鬆力，左腳右後撤，左腿舒直，腳尖虛點地面；同時，右掌回捋至右膝外側，掌心向下，左腳跟落平，右腿屈膝前弓成右弓步式；同時，立左掌，掌心向外，指尖向上，重心落於右腳，視線從左掌大拇指指尖上平遠看，意在左掌掌心。（圖2-63）

【感覺】

右腿發脹、發熱，兩掌掌心蠕動。

【用法】

對方以右掌向我面部打來，我則以右掌刁住其右手腕先向左，之後再往身之右後方，向下沉採，使對方失去重心。在其上身前傾之際，再以左掌擊其面部或右肋等部。

7. 左掌下按

動作與第3動相同。

8. 右掌前按

動作與第4動相同。

9. 右掌下按

動作與第5動相同。

10. 左掌前按

動作與第6動相同。

十、斜飛式（4動）

斜飛式的命名釋義：此式兩臂分合閉張等動作，好像大鵬展翅，斜行飛翔於上空，故取此名。

圖2-64

1. 左掌斜掤

左掌以小指引導，掌心向左前上方斜轉，右掌向右後下方移動，掌心向下；腰微向下鬆，重心仍在右腳，視線注視左掌食指尖，意在右掌掌心。（圖2-64）

【感覺】

右腿發脹、發熱。

【用法】

如對方以右手打我左面的嘴巴，我則以左掌掌心黏截其臂內側向後撐（用此法時要注意左掌不可用力向外推，而應用意使右掌朝右後下方後撐）。

圖2-65

2. 左掌下捋

左掌以小指引導弧形向右移到右膝前為度，掌心向右，指尖向下，右掌以食指引導弧形向左移到左耳外側為度，掌心向左，指尖向上；重心仍在右腳，視線向正前方平遠看，意在右掌掌心。（圖2-65）

【感覺】

右腿發脹、發熱、發酸。兩掌掌心裏面蠕動。

【用法】

接上動，如對方復以左掌打我右嘴巴，我即以右掌將其左肘托起向左前上方（移到手背和左耳貼近為度）；同時，左掌黏其右臂，向右後下方移動，使手背貼近右膝外側為度。

圖2-66

3. 左腳前伸

左膝鬆力，左腳向左前方（東北隅）伸出，腳跟著地成右坐步式（隅步）；重心仍在右腳，視線注視左前方，意仍在右掌掌心。（圖2-66）

【感覺】

右腿加重發熱、發脹。

【用法】

接上動，當對方曾用左右手打我的左右嘴巴，而被我以右手上托和左手下捋之手法，將其鎖拿住不能動轉。隨之，再將左腳向左前方邁進一步，鎖住對方的後腿。

4. 左肩左靠

兩肘鬆力，右掌以小指引導向右下垂，左掌以食指引

導向左上提，左腳落平，兩掌掌心虛合；左腿屈膝前弓，兩掌分開，左掌向左前上方移動，以腕與肩平為度，掌心斜向內；同時，右掌向右下方虛採，以掌心與右腳外踝相對為止，重心落於左腳，成左弓步式（隔步）；視線注視左掌食指尖，意在左掌掌心。（圖2-67）

【感覺】

左腿發脹、發熱，兩掌掌心蠕動。

【用法】

接上動，當對方的手腳即四肢，全部已被我鎖住不能擺脫之際，我即將兩臂向左前和右後方分開，同時弓膝成左弓步，而形成斜行飛翔勢，這時對方則應手跌出。

十一、提手上式（4動）

提手上式的命名釋義：此式動作是以手臂上起如提重物狀，故取此名。

1. 半面右轉

視線離開左掌食指尖向右前方移動，同時身體右轉，面向正南，身向後坐，成左坐步式；同時，左腳尖向右轉（腳尖向東南），與此同時，右掌向左上方移動，至拇指尖遙對鼻尖，左掌向後移動，拇指貼於右臂內側，兩掌掌心遙遙相對，重心在左腳，眼從右大拇指尖上方平遠看，意在右掌掌心。（圖2-68）

圖2-67　　　　　　　　　圖2-68

【感覺】

左腿發脹、發熱，兩掌掌心蠕動。

【用法】

如對方以左拳向我面部打來，我則以左掌黏其左腕並用右肘黏其左肘，這時身體微微向右轉動。同時收腹，身往後略微一動，便會把對方提拿起來。

2. 左掌打擠

右腳漸向下落平，右腿屈膝前弓，左腿舒直成右弓箭步；同時，左掌以掌心向前推出，右掌以小指尖引導向下鬆沉，肘尖即向上移，以指尖與肘尖橫平為度，此時右掌的掌心向內，指尖向左，而左掌則推在右腕脈門處打擠，掌心向外，指尖向上，食指尖遙對鼻尖，眼從左掌食指尖上方向前平遠看，重心落於右腳，意在左掌掌心。（圖

圖2-69

圖2-70

2-69）

【感覺】

全身力量由腳、而腿、而腰，達於脊背，行於手指。
並覺氣勢完整一體。

【用法】

接上動，我以右臂屈肘，使右手背與對方前胸相觸，
隨即以左手扶右手脈門處，一同向前擠出，同時脊背微微
向後一倚，兩眼向前平遠看。這時對方則被擠出很遠。

3. 右掌變鈎

右掌五指聚攏變鈎，向前上（微偏右）提，身隨腕而
上提，左腳虛淨隨身之上提而收至與右腳相齊，同時左掌
下按，至大拇指橫貼於肚臍止，視線與意均在右腕。（圖
2-70）

圖2-71

【感覺】

當五指聚攏時，右小腿之緊張，猶如開汽車踩剎車踏板之感，右掌掌心蠕動。

【用法】

如對方以右拳擊我前胸。我則以左掌掌心向下黏住對方之右前臂向下沉，同時將右手的五指微鬆形成虛鈎，然後以右手腕部向其下頜提擊。

4. 右鈎變掌

右鈎上提，以小指引導漸向上翻轉變掌，掌心向外，指尖斜向左上方，眼從右掌食指尖上面仰視上方，重心仍在右腳，意在右掌掌心。（圖2-71）

【感覺】

胸部舒暢，兩掌掌心發熱、蠕動。

【用法】

接上動，當我用右手腕提擊對方之下頜時，如遇對方略微向後移動，化開我的手腕。這時，我即順勢將右鉤變成掌，使掌心翻轉向上，仍追其下頜向上提擊。

十二、白鶴亮翅（4動）

白鶴亮翅的命名釋義：此式動作之運轉形勢，有如鶴之展翅，故取此名。

1. 俯身按掌

視線注視右掌食指尖，逐漸向前俯身，俯至右掌（掌心向外）與肩相平。（圖2-72）

【感覺】

兩腿膕窩肌腱拽得發酸發疼，兩掌掌心發熱。

【用法】

接上動，我以右掌向上托對方下頜，沒托著落了空。隨之，上體微向前俯身，同時以右掌撲按對方之面部。

2. 向左扭轉

視線注視左掌食指指尖，左掌向下按至極度為止，俯身時兩腿直立膝關節不彎曲，重心平均在兩腳，意在左掌

圖2-72　　　　　　　　　圖2-73

掌心；左膝鬆力，左指尖下垂（視線仍在左掌食指），以大拇指引導掌心向左翻轉，而逐漸向外轉至左腳心外側為度，腰向左側傾斜，視線移於左掌中指尖，同時右掌亦隨上身轉向正東，掌心向外，重心落於左腳，意在左掌掌心。（圖2-73）

【感覺】

兩肋舒張，掌心蠕動，左腿膕窩發熱、發脹、發酸。

【用法】

如對方從我左側以右掌擊我面部或摟我脖頸時，我則向左扭轉身體；同時以右掌由對方的右臂下面抄起，使右腕黏其腕部，不可脫離為要。

3. 左掌上掤

左掌以中指引導向外舒伸到極度，左臂自然上提，左

圖2-74

掌升至頭頂上方，右掌隨之向上舉至頭頂上方，兩掌掌心向外，十指均上指，眼由兩掌中間向上方仰視，重心仍在左腳，意在兩掌掌心。（圖2-74）

【感覺】

兩肋部特別舒暢，兩掌十指指尖發脹、發熱。

【用法】

接上動，當我以右手腕黏住對方之右腕，保持姿勢不變，同時，將左臂緊貼對方右臂外側向上抬起，抬到左肘略高於對方之右肘為度。

4. 兩肘下垂

兩膝鬆力，兩腿屈膝下蹲，肩、肘、腰、胯各部均鬆力，兩肘尖漸漸下垂，兩掌向內轉至兩腕與肩平，掌心向

圖2-75

內；重心平均在兩腳，眼從兩掌中間平遠看，意在兩掌指尖。（圖2-75）

【感覺】

全身輕鬆舒適，兩掌掌心發熱，指尖發脹。

【用法】

接上動，在我左肘與對方右肘上下相貼時，我左臂內旋，同時右手黏住對方右手腕隨轉向上伸，右肘同時下沉，使掌心轉向後方，與此同時，屈膝略蹲。這時對方因右肘被我滾肘下壓而仆伏在地。

十三、海底針（4動）

海底針的命名釋義：此式以手指喻為金針而點刺對方之腋下神經海底穴，故以此為名。

圖2-76

1. 左掌下按

左掌以小指引導向左前下方按出，此時掌如扶物，以左臂舒直為度，同時右腕鬆力，腕在右耳旁，掌心向下，指尖向前；上身隨視線（看左掌食指尖）左轉，重心落於右腳，視線不離左掌食指尖，意在左掌掌心。（圖2-76）

【感覺】

右腿發脹、發熱，兩掌掌心蠕動。

【用法】

如對方想用右腿踢我左腿，待其剛剛提膝時，我即以左掌掌心輕輕扶在其右膝關節上面，但不可用力去按。如果對方右腿還要使勁硬踢的話，那麼他自己便會倒退出去很遠。

圖2-77

2. 右掌前按

左腳向左前方移動半步（面向正東），腳跟先著地，腳尖逐漸落實，左腿屈膝前弓成左弓步式；同時，右掌自右耳旁以無名指引導向正前（正東）按出，掌心向外，大拇指遙對鼻尖，右腳跟微向外開，左掌在左膝外側，重心落於左腳，眼經右手大拇指上方平遠視，意在右掌掌心。（圖2-77）

【感覺】

左腿發脹、發熱，兩掌掌心蠕動。

【用法】

見對方右腿向我腿部踢來落空而剛剛落地之際，我急進左步，以左膝外側貼其右膝內側，同時，以右掌向其面部或前胸推出，則對方應手而跌倒出去。

圖2-78

3. 右掌前舒

身向後坐，重心移至右腳成右坐步式；同時，右腕鬆力，右掌指尖前指，掌心向左，視線從右掌大拇指尖上方平遠看，意在右掌掌心。（圖2-78）

【感覺】

右腳如樹植根，右掌心與左腳心蠕動。

【用法】

如我之右手腕被對方捋捥時，我即隨其捥勁，將右臂和腕部放鬆，並以手指指尖向前舒伸，同時上體微微後倚，尾骶骨對正右足跟向下坐身，這時對方反被我捥起。

4. 右掌下指

鬆腰、右掌腕部鬆力，指尖漸向兩膝間下指，掌心向

圖2-79

左，指尖向下；左掌以食指引導向右上方移到食指尖到右
耳外側為度，掌心向右，指尖向上；同時，左膝鬆力，左
腳撤到右腳外側，腳尖虛著地面，重心仍在右腳，視線向
正前平遠看，意在右掌掌心。（圖2-79）

【感覺】

右腿發脹、發熱、發酸。

【用法】

接上動，當我的右手腕被對方以右手拽住時，我即將
右手腕放鬆，使手指尖向下引伸，含有插入地中之意，同
時屈膝略蹲，並以左掌往前伸出，點刺對方之腋下神經。

十四、扇通背（臂）（2動）

扇通背的命名釋義：此式名稱之由來，係根據它的腰
部及兩臂之象形動作而取。即以腰比喻為摺扇之扇軸，兩

臂比喻為扇幅。腰一轉動而兩臂橫向展開，猶如摺扇之突然放開與突然收合一般，故取是名。

1. 兩掌前伸

重心不動，右掌以食指尖引導漸向前上方移動，到臂與肩平為度，掌心向左，左掌由右耳側移至右臂下，左掌心順右臂向前伸長；同時，右掌掌心漸翻向下，與左掌掌心虛相合，視線注於右掌食指尖，意在右掌掌心。（圖2-80）

【感覺】
右腿發脹、發酸。

【用法】
如對方以右拳向我前胸打來，我則以右掌黏其右肘外側，向上擎起，高過頭頂。同時，上身微微向右一轉，再將左腳向前邁進一步，使左大腿貼近對方的右大腿，這時，對方已被我拿起來。

2. 左掌前按

伸左腳，腳跟虛著地，腳尖向右轉（正南）落平，兩掌分開，左掌以食指引導向左前方按出，掌心向外，指尖向上；右掌與左掌分開後，亦以小指引導向右後上方掤出，右肘彎曲，右掌食指斜指右眉梢；同時，雙腿屈膝下蹲，右腳向左轉成騎馬步式；重心在兩腳，視線從左掌食指尖上方平遠視，意在左掌掌心。（圖2-81）

圖2-80

圖2-81

【感覺】

前胸舒暢，兩腳如樹植地生根，特別有勁。

【用法】

接上動，我以右掌把對方的右臂架起並用左腳鎖住對方後腿。然後，下蹲成馬襠步，並以左掌進擊其右肋下或胸部。

十五、左右分腳（12動）

左右分腳的命名釋義：此式所謂分腳，即指腳踢出時，要求腳背繃平，腳尖挑起而左右分踢之意，故取此為名。

1. 兩掌虛合

左掌以小指引導向下收撤，掌心轉向上，到胸前為

止；右掌鬆力，向前下落到胸前，臂與肩平，掌心向下與左掌虛對（上下距離六寸）；同時，長腰立身，收左腳（腳跟約離右腳一寸），腳尖虛著地成虛丁步；重心落於右腳，視線向右掌食指尖看，意在右掌掌心。（圖2-82）

圖2-82

【感覺】

右腿發熱，兩掌掌心發熱而蠕動。

【用法】

如對方以右拳向我前胸打來，我則以左掌掌心向上使虎口黏住對方的右手腕。同時在自己意識當中應把對方的右臂比喻為馬的韁繩看待，這樣容易掌握自己和對方重心的虛實變化。

2. 兩掌右伸（左高探馬）

右膝鬆力，左腳向左前方伸出，腳跟先著地，逐漸落平，右掌繼續弧形移到右前方為止，右掌在外，掌心向下，左掌在右臂內側，掌心向上，重心落於左腳，視線注視右掌食指尖，意在右掌掌心。（圖2-83）

【感覺】

左腿發脹、發熱，左掌心與右腳心蠕動。

圖2-83　　　　　　　　圖2-84

【用法】

接上動，我將對方打來的右拳，用左掌（掌心向上）反黏其右腕，同時向左前方邁進一步，並以右掌（掌心向下）朝對方右肩靠近脖頸輕輕一敷，必使對方重心喪失，身子傾斜。

3. 右掌回捋

右掌以小指引導弧形向左下方移動，以手背貼在左膝關節左側為止，掌心向左；同時，左掌以食指引導漸向右上方移動，到右耳外側為止，掌心向右，當右掌移到兩膝中間時，右腳腳跟向右開成左弓步式（隅步）；重心仍在左腳，視線注視右掌食指尖，意在右掌掌心。（圖2-84）

【感覺】

左腿發脹、發熱、發酸，右膕窩肌腱酸痛。

圖2-85

【用法】

　接上動，當我右掌輕輕一敷對方之右肩，然後經後脖頸繞至左肩，再向左後下方回將，使手背貼在左膝外側。與此同時，左掌向右上方弧形托其右腕（保持不離開），使左手背靠近右耳。這時，對方已被我拿得形成頭朝下，腳朝上的狀態或滾倒在地。

4. 兩掌交叉

　右掌以大拇指引導，掌心先轉向內，再由下向上方移動，掌心漸轉向外，繼續弧形向左前（東北隅）方移動，到腕與肩平為止；同時，左掌以食指引導漸向左上方移動到左前方與右腕交叉，右掌在外，左掌在內，掌心均向外，重心仍在左腳，視線向交叉的兩掌中間平遠看；意在右掌掌心。（圖2-85）

圖2-86

【感覺】

兩肋伸展舒暢，兩掌食指指尖發脹、發熱。

【用法】

如對方發右掌向我頭部打來，我則以左掌刁採其右腕，然後右掌從對方右臂外側的下面往上抬起，和左掌交叉搭成十字狀，架住對方之右臂，使它不能落下為度。

5. 兩掌高舉

兩掌以小指引導，同時向左前上方舉過頭頂，同時身隨臂起，右膝提起（右膝與胯平），右腳垂懸，左腳獨立，視線向交叉兩腕下方平遠看，意在右掌掌心。（圖2-86）

【感覺】

左腳似樹植地生根，兩掌指尖發熱、發脹。

圖2-87

【用法】

接上動，兩掌舉過頭頂，架住對方右臂，同時提起右膝，以備待發。

6. 兩掌平分

兩掌以指尖引導，弧形向右前、左後斜角分開，至掌與肩平為度，右掌掌心向左，指尖向前（東南隅），左掌掌心向右，指尖向後（西北隅）；同時，右腳向右前方踢出，腳面繃平，腳尖上挑，與右臂上下成平行直線，重心在左腳；視線注於右掌大拇指尖，意在左掌掌心。（圖2-87）

【感覺】

左腳五趾抓地，右腳力貫腳尖，兩掌掌心發熱。

【用法】

接上動，使右臂架住對方之右臂不可脫離；同時，左

圖2-88

掌向左後方伸展，這時，右腳則自動地會向前點踢對方之前胸或右肋等部位。

7. 兩掌虛合

左膝鬆力，鬆腰蹲身，右腳跟著地成左坐步式；同時，兩肘鬆力，右掌以小指引導向右後下方反捋，到手背接近右膝上方為止，掌心向上，指尖向左；左掌以食指引導向右前方虛按到右掌之上，掌心向下，指尖向右，兩掌上下相對；目視左掌食指指尖，意在左掌掌心。（圖2-88）

【感覺】

右腿發脹、發熱，兩掌掌心發熱和蠕動。

【用法】

對方以左掌向我前胸打來，我以右掌（掌心向上）反黏住其手腕。這時，在意識上應把對方的左臂比喻成馬的

圖2-89

韁繩看待。

8. 兩掌左伸（右高探馬）

右腿屈膝前弓成右弓步；左掌繼續弧形向左前方移動，左掌在外，掌心向下，右掌在左臂內側，掌心向上，重心落於右腳，視線注於左掌食指尖，意在左掌掌心。（圖2-89）

【感覺】

右腿發脹、發熱。右掌掌心和左腳心蠕動。

【用法】

接上動，在我將對方打來的左拳以右掌黏住其手腕之同時，向右前方邁進一步，並以左掌（掌心向下）朝對方左肩靠近頸部輕輕一扶，使對方身體傾斜，失去重心。

圖2-90

9. 左掌回捋

左掌以小指引導弧形漸向右下方移動，以手背貼在右膝關節右側為止，掌心向右；同時，右掌以食指引導漸向左上方移動到左耳外側為止，掌心向左，當左掌移到兩膝中間時，左腳腳跟向左開成右弓步式（隅步），重心仍在右腳；目視左掌食指尖，意在左掌掌心。（圖2-90）

【感覺】

右腿發脹、發熱、發酸。左腿膕窩肌腱酸痛。

【用法】

接上動，當我左掌輕輕一扶對方之左肩，然後經後脖頸繞至右肩，再向右後下方回捋，將手背貼在右膝外側。同時右掌由右向左上方弧形托其左腕，將左手臂靠近左耳。這時，對方已被我拿得形成頭朝下，腳朝天的狀態或

圖2-91

滾倒在地。

10. 兩掌交叉

左掌以大拇指引導，掌心先轉向內，再由下向上方移動，掌心漸轉向外，繼續弧形向右前（西南隅）方移動到腕與肩平，右掌以食指引導漸向右上方移動到與左掌交叉，左掌在外，右掌在內，掌心均向外；重心仍在右腿，視線由兩掌交叉中間平遠看，意在左掌掌心。（圖2-91）

【感覺】

兩肋伸展舒暢，兩掌十指指尖發脹、發熱。

【用法】

如對方發左掌向我頭部打來，我則以右掌刁採其左腕，然後以左掌由對方左臂外側的下面往上抬起，和右掌交叉搭成十字狀架住對方之左臂，使它落不下來為要。

圖2-92

11. 兩掌高舉

兩掌以小指引導，向右前上方舉過頭頂；同時，身隨臂起；左膝提起（左膝蓋與胯平），右腳獨立，視線由兩腕下方平遠看，意在右掌掌心。（圖2-92）

【感覺】

右腳如樹植地生根，兩掌指尖發脹、發熱。

【用法】

接上動，兩掌高舉過頭頂，始終保持架住對方的左臂，既和它不脫離，又不叫它落下來，同時，提起左膝準備待發。

12. 兩掌平分

兩掌以指尖引導，弧形向左前、右後斜角分開，以掌

圖2-93

與肩平為度，左掌掌心向右，指尖向前（東北隅）；右掌
掌心向左，指尖向後（西南隅）；同時，左腳向左前方踢
出，腳面繃平，腳尖挑起，與左臂上下成平行直線，重心
在右腳，目視左掌大拇指尖，意在右掌掌心。（圖2-93）

【感覺】

右腳五趾抓地，左腳力貫腳尖，兩掌掌心發熱。

【用法】

接上動，我使左臂架住對方之左臂不讓其脫離；同
時，右掌向右後方伸展。這時，左腳則自動會向前點踢對
方之前胸或左肋等部位。

十六、轉身蹬腳（4動）

轉身蹬腳的命名釋義：此式從前方向左後方轉體
180°（是以單腳支撐體重，屬於平衡動作），然後把腳蹬

圖2-94

出，故取是名。

1. 兩拳交叉

左膝鬆力，左腿屈膝收回，左腳懸垂，兩臂鬆力，兩掌小指引導向前合併逐漸變為拳，到正前方時兩拳以腕部左右交叉，左拳在外，右拳在內，重心仍在右腳，視線從兩拳中間平遠看，意在左拳。（圖2-94）

【感覺】

右腿小腿肌腱緊張，強而有勁，兩肋舒暢。

【用法】

接上動，如對方以右手持住我之左手腕或向我面部打來時，我則以兩掌變拳，屈臂、沉肘，同時兩臂內旋交叉

停於胸前。這時左腿屈膝垂
懸不落。

2. 提膝轉身

左膝上提（膝與胯平），
以右腳腳跟為軸，向後轉身
（西北隅），右腳尖向左
轉，兩拳交叉不變，重心仍
在右腳，視線仍由兩拳中間
平遠看，意在右拳。（圖
2-95）

圖2-95

【感覺】

兩肋舒鬆暢通，背脊和腰部有勁，並覺身體輕鬆。

【用法】

如對方從身後以右掌向我頭部打來時，我則急忙向左
轉換身形。這時，在意識上要特別注意自己重心的穩定
性，以便於動作的變化自如為要。

3. 兩掌高舉

兩臂鬆力，兩拳往前上方伸舉，然後翻轉變為掌（指
尖向上），掌心均向外；重心仍在右腳，意在右掌。（圖
2-96）

【感覺】

右腿發脹、發熱，兩掌十指指尖發脹、發熱。

圖2-96　　　　　　　　　　　圖2-97

【用法】

接上動，在我轉過身來，急忙用右手黏住敵之右手腕不脫離，同時，左臂和右臂往上抬起，再以左右兩掌架住敵之右臂，以備待發。

4. 兩掌平分

兩掌以指尖引導，弧形向左前和右後斜角分開，至掌與肩平為度，左掌掌心向右，指尖向前（西南隅），右掌掌心向左，指尖向後（東北隅）；同時，左腳向左前方蹬出，與左臂上下成平行直線，重心在右腳，目視左掌大拇指，意在右掌掌心。（圖2-97）

【感覺】

右腳五趾抓地，左腳力貫腳跟，兩掌掌心發熱。

【用法】

接上動，當我兩掌高舉之後，再用右手黏住敵之右腕往後牽引，並以左掌劈擊敵之面部。同時發左腿，以左腳跟向對方右胯處蹬擊。

十七、進步栽捶（6動）

進步栽捶的命名釋義：此式以拗步前進，右拳猶如握一棵樹苗，向左腳前方的深坑栽植，故取此名。

1. 左掌下按

右膝鬆力，鬆腰蹲身，左腳下落，腳跟著地成右坐步式，左掌隨左腳之下落而下按；同時，鬆右腕，右掌虛提到右耳外側，重心在右腳，目視左掌食指；意在左掌掌心。（圖2-98）

【感覺】

右腿發脹、發熱，右掌心與左腳心蠕動。

【用法】

對方如以右順步衝拳向我前胸打來，我則以左掌截其右臂中節，然後進左步向其襠內落下，以腳跟著地腳尖翹起，重心在右腿，同時，提右手腕使虎口與右耳孔對正，準備發招。

圖2-98　　　　　　　　　圖2-99

2. 右掌前按

左腳尖逐漸落實，左腿屈膝前弓成左弓步式；同時，右掌從右耳旁以無名指引導向前（正西）按出，掌心向外，大拇指指尖遙對鼻尖；同時，右腳跟微向外開，左掌在左膝外側，掌心向下，指尖向前，重心落於左腳，視線經右大拇指尖上方平遠看，意在左掌掌心。（圖2-99）

【感覺】

左腿發脹、發酸、發熱，兩掌掌心蠕動。

【用法】

接上動，右掌向對方面部按出，這時左腳落平，左腿屈膝前弓，右腿伸直形成左弓步。對方必應手跌出。

3. 右掌下按

右掌以食指尖引導向前下按至左膝前；同時，左腕鬆力，上提至左耳旁，虛右腳跟，鬆右膝，右腳向前邁出，腳跟落地，腳尖翹起，重心仍在左腳，目視右掌食指尖，意在右掌掌心。（圖2-100）

圖2-100

【感覺】

左腿發熱、發脹。

【用法】

對方如以左掌向我面部打來，我則以右掌按住對方之左臂內側，同時進右步鎖住對方左腿；提起左掌靠近左耳旁準備發招。

4. 左掌前按

抬頭，視線逐漸向前平看，提頂，立腰；同時，左掌向前按出，掌心向外，大拇指尖遙對鼻尖，左腳跟微向外開，右掌在右膝外側，掌心向下，指尖向前，重心落於右腳；眼向左大拇指尖上方平遠視，意在右掌掌心。（圖2-101）

【感覺】

右腿發熱、酸、脹，兩掌掌心蠕動。

圖2-101　　　　　　　　圖2-102

【用法】

接上動。發左掌向對方面部擊按。這時右腳也隨之放平，右腿屈膝前弓，左腿在後伸直，形成右弓步，對方必應手跌出。

5. 左掌下按

左掌以食指引導向前下按至右膝前，同時，右腕鬆力向上提至右耳旁，虛左腳跟，鬆左膝，左腳向前邁出，腳跟著地，重心仍在右腳，目視左掌食指尖，意在左掌掌心。（圖2-102）

【感覺】

右腿發脹、發熱。

【用法】

對方如用右掌向我面部或胸部打來，我則以左掌按住對方之右臂內側不離開，同時進左步鎖住對方之右腿，隨

圖2-103

之提起右掌靠近右耳，準備發招。

6. 右拳下栽

抬頭，視線逐漸向前平視，提頂立腰；同時，左掌摟膝後，右掌變拳隨左膝之前弓而向下方伸到左腳前為止，拳眼向後，左掌虛貼右臂（腕後肘前），重心在左腳，目視右拳食指中節，意在右拳拳面。（圖2-103）

【感覺】

左腿發脹、發熱、發酸。

【用法】

如對方以右拳擊我面部時，我則以右手順其來勢反握其右腕，並以左手扶其右臂內側，兩手同時微作內旋動作，使其臂腕彎曲，然後邁左步，再握其右腕向左足前下栽，這時對方則應手倒跌，翻滾在地。

圖2-104

十八、翻身撇身捶（2動）

翻身撇身捶之命名釋義：此式指身體由前往後轉180°與兩臂之捶、掌所運用的離心力，即向外拋出之形態而言，故取此名。

1. 右拳上提

右拳上提，到高過眼時，左腳以腳跟為軸，腳尖向右轉至正北，右肘鬆力，以肘尖引導向右後方轉動，身隨臂轉向正東，重心在左腳，右腳跟著地，腳尖翹起，當左掌隨右拳提至正北時，左掌掌心撫在右肘內側，視線先注視右拳，轉向正北時隨右肘前看，意在右肘尖。（圖2-104）

圖2-105

【感覺】

左腿發脹、發熱、發酸。右肘尖有勁，背脊發熱。

【用法】

如對方自我身後撲來，我急轉身，同時屈臂以肘尖擊其胸肋部。

2. 右肘下採

右腿屈膝前弓成右弓步式，右拳隨之下垂至右胯下方，拳眼向上，右掌掌心撫在右拳拳眼之上，重心在右腳；視線先隨左掌食指尖移動，前腳落平時，抬頭平遠看，意在右拳。（圖2-105）

【感覺】

右腳發脹、發熱。左腿膕窩肌腱酸痛。

【用法】

接上動，右腳向右橫開半步，同時兩手採其右腕向

圖2-106

前、向下沉採。這時，重心移至右腿，對方之右臂由於捌住了勁，只有隨捋而跌出，否則一較勁，其臂就會折斷。

十九、二起腳（6動）

二起腳的命名釋義：此式指左右兩腳逐遞連續起落而言，故取是名。

1. 翻掌出步

左掌以小指引導循右拳外面向下翻轉，掌心向上，右拳開拳變掌，同時，掌心微轉向下，與左掌掌心虛對，左膝鬆力，左腳向左前伸出，腳跟著地成右坐步式（隔步）；重心在右腳，目視右食指尖，意在右掌掌心。（圖2-106）

【感覺】

右腿發脹、發熱，左掌心和左腳心蠕動。

【用法】

如對方將我右手腕攬住時，我則以左手按其手背作內旋沉採，同時右拳鬆開變掌黏其手指，做外旋上掤（此為擒拿手法，名叫白蛇吐信），同時邁出左步，含有踹其脛骨之意。

2. 兩掌右伸

左腳逐漸落平，左腿屈膝前弓成左弓步式；同時，右拳鬆開變掌，繼續弧形移到右前方，右掌在外，掌心向下；左掌在右臂內側，掌心向上，重心落於左腿；目視右掌食指尖，意在右掌掌心。（圖2-107）

【感覺】

左腿發脹、發熱，左掌心與右腳心蠕動。

【用法】

接上動，我以左掌將對方之右手往外支開，同時右掌（掌心向下）伸向對方右肩靠近脖頸輕輕一扶。這時，對方之身體重心已傾斜，處於不穩之狀態。

3. 右掌回捋

右掌以小指引導，弧形向左下方移動，以手背貼在左膝關節左側為止，掌心向左；同時，左掌以食指引導，向右上方移動到右耳外側為止，掌心向右，當右掌移到兩膝當中時，右腳腳跟向右開成左弓步式（隅步），重心仍在

圖2-107　　　　　　　　圖2-108

左腳，目視右食指尖，意在右掌掌心。（圖2-108）

【感覺】

左腿發脹、熱、酸。右腿膕窩肌腱酸痛。

【用法】

接上動。我以右掌從對方之右肩經後脖頸繞至左肩。再向左後下方回捋。將右手背貼在左膝外側。與此同時，左掌由左向右上方弧形托其右臂，使左手背靠近右耳，必將對方摔倒在地。

4. 兩掌交叉

右掌以大拇指引導，掌心先轉向內，由下向上方移動，掌心漸轉向外，繼續弧形向前方（東北隅）移動到腕與肩平為止；同時，左掌以食指引導，向左上方移動到左前方與右腕交叉，右掌在外，左掌在內，掌心均向外；重

圖2-109　　　　　　圖2-110

心仍在左腳，視線向交叉的兩掌中間平遠看，意在右掌掌心。（圖2-109）

【感覺】

兩肋伸展舒暢。兩掌指尖發脹、發熱。

【用法】

如對方發右掌向我頭部打來。我則以左掌刁將其右腕。然後以右掌從對方右臂外側的下面往上抬起，和左掌交叉搭成十字狀，架住對方之右臂，使它不能下落為度。

5. 兩掌高舉

兩掌以小指引導，同時向左前上方舉過頭頂，身隨臂起，右膝提起（右膝與胯平），右腳垂懸，左腳獨立，視線向交叉兩腕下方平遠看，意在左掌掌心。（圖2-110）

圖2-111

【感覺】

左腳似樹植地生根。兩掌指尖發脹、發熱。

【用法】

接上動。我以左右兩掌交叉，架住對方之右臂，和它黏住不要離開。同時，提起右腿、屈膝，右腳垂懸不落，準備待發。

6.兩掌平分

兩掌以指尖引導，弧形向右前、左後斜角分開，以掌與肩平為度，右掌掌心向左，指尖向前（東南隅）；左掌掌心向右，指尖向後（西北隅）；同時，右腳向前方蹬出，與右臂上下成平行直線，重心在左腳；目視右掌大拇指尖，意在右掌掌心。（圖2-111）

【感覺】

左腳五趾抓地，力貫腳跟。兩手掌掌心發熱。

【用法】

接上動。使右臂架住對方之右臂，不要脫離開；同時，左掌向左後方伸展坐腕。這時，右腳則會自動地向前蹬出（腳尖朝天），以腳跟對準對方的右胯骨頭處蹬之。

二十、左右打虎式（4動）

左右打虎式的命名釋義：此式雙拳並舉，披身閃展，形如打虎，故取是名。

1. 兩掌合下

右膝鬆力屈膝，右腳尖垂懸；左掌以食指引導，掌心翻轉向下並向右合；右掌亦以食指引導，掌心翻轉向下並向左合，兩掌一同伸向左前方（東北隅），左掌在前，右掌在後（右大拇指貼於左臂右側）；左膝鬆力向下蹲到極度，右腳向右後（西南隅）撤，腳跟著地，重心在左腳，目視左掌食指尖，意在左掌掌心。（圖2-112）

【感覺】

兩肋空鬆舒適，左掌心與右腳心蠕動。

【用法】

如對方以右拳擊我前胸。我則以右手將其右腕、左手採其右肘向右下方捋出；同時，右腳向右後方退一步。這

圖2-112

圖2-113

時，對方的身體重心已傾斜不穩了。

2. 兩拳並舉

兩掌向右捋挒，挒至左膝前上方時，右腳尖向右（正南）落平；兩掌挒至兩膝中間時，重心平均於兩腳成蹲襠式；挒到右膝前時，右腿屈膝前弓，左腳尖向右轉（正南）；同時，兩掌漸變為拳向右前方伸出，右拳在前，拳眼向左前方（正東），左拳拳眼向上，貼在右肘肘尖下；重心在右腳，眼向左前方（東南隅）平遠看；意在右拳。（圖2-113）

【感覺】

右腿發脹、發熱。兩肋舒鬆暢快。

【用法】

接上動，當我右腳跟剛著地時，即向右轉身（兩掌挒

採之動作要與撤步、轉身等動作協調一致）。這時，對方便會跌出很遠；然後兩掌握拳高舉，形成弓步披閃，準備進攻或防守之勢。

3. 兩掌回挒

右腳尖向左轉（正東），身則隨轉向東南，兩拳向右前方（東南）舒伸變掌，右掌在前，左掌在後（左大拇指貼在右臂左側），兩掌掌心均向下；右膝鬆力向下蹲到極度，左腳向左後方（西北隅）撤，腳尖著地，重心落於右腳，視線先隨右拳，變掌後則注視右掌食指尖，意在右掌掌心。（圖2-114）

【感覺】

右腿發脹、發熱，右掌心與左腳心蠕動。

【用法】

如對方以左拳擊我前胸，我則以左手將其左手腕，右手採住左臂，向左後下方挒出；同時，左腳向左後下方撤一大步。這時，對方的身體重心已傾斜不穩了。

4. 兩拳並舉

兩掌向左撤挒，挒到右膝前時，左腳跟向右（內）收向正南平落，使左腳尖朝向正北，兩掌挒到兩膝中間時，重心平均於兩腳成蹲襠式，挒到左膝前時，左腿屈膝前弓，右腳向右開；同時，兩掌漸變為拳，向左前方伸出，左拳在前，拳眼向右前方（正東）；右拳拳眼向上，貼在左肘下；重心在左腳；眼向左前方（東北隅）平遠看；意

圖2-114　　　　　　　　圖2-115

在左拳。（圖2-115）

【感覺】

左腿發脹、發熱、發酸。兩肋舒鬆暢快。

【用法】

接上動，當左腳剛剛著地，即向左轉身（兩手捋採之動作和撤步、轉身等動作要配合得協調一致），這時對方已跌出很遠。然後兩掌握拳高舉形成弓步，披閃攻防之勢。

二十一、雙風貫耳（4動）

雙風貫耳的命名釋義：此式以左右兩拳，由身後到身前，貫擊對方兩耳，故取此名。

動作圖解

1. 兩拳高舉

右拳循左肘外側，向左前方舒伸（身隨臂起）到極度時，右腿屈膝提起，腳尖懸垂；兩腕交叉，兩拳上舉過頭頂，右拳在外，左拳在內，拳心均向外；眼向交叉兩拳下之中間平遠看；左腳獨立支持體重；意在右拳。（圖2-116）

【感覺】

左腳如樹植地生根，背脊發熱。

【用法】

如對方以右腳踩踏我之右腿時，我即將兩拳高舉過頭頂，這時右腿自然地會很輕靈地提起來。以做待發腿蹬出之勢。

2. 兩掌平分

兩拳變掌，各以小指引導向右前和左後斜線平分；右腳以腳跟向右前（東南隅）方蹬出，與右臂上下成平行直線；右掌掌心向左，指尖向前（東南隅）；左掌掌心向右，指尖向後（西北隅）；重心在左腿，目視右掌大拇指尖，意在右掌掌心。（圖2-117）

【感覺】

左腳五趾抓地，右腳力貫腳跟。兩掌掌心發熱。

圖2-116　　　　　　　　圖2-117

【用法】

接上動。當我提起右腿躲開了對方踩踏，然後，兩掌向右前和左後的方向分展。同時右腳也自然地會向對方的右髖骨頭處蹬出。這時，對方便會觸腳而被蹬出很遠。

3. 兩掌下採

左膝鬆力，向下蹲身，右腳腳跟虛沾地面成左坐步式；兩臂鬆力，右掌以小指引導向左移，左掌則向右移，同到正前方（正東），兩掌距離與肩之寬度相等，掌心向上。右腿屈膝前弓，兩掌隨右膝向下鬆力，弧形向後採到極度時，掌變為鈎；同時，右腳落平成右弓步式；重心落於右腳；眼向正前平遠看；意在兩腕。（圖2-118、圖2-119）

【感覺】

右腳如樹植地生根，兩臂與胸部有往外舒張的意思。

圖2-118

圖2-119

【用法】

如對方用雙手摟我腰時，我則將兩掌合在一處，經對方之前胸向下、向後，最後使兩掌心貼近自己的兩腎之後。這時，對方已被我給拿起來了（使其身子前傾）。

4. 兩拳相對

兩鈎各以指尖引導由裏往外轉，繼以兩腕引導，兩臂各向左右舒平到高與肩平時，鈎變為拳，轉到正前方（正東）時兩拳拳面相對（相距約三寸），拳眼向下，重心仍在右腳；視線不變；意在兩拳。（圖2-120）

【感覺】

右腿發脹、發熱，兩肋舒暢。

【用法】

接上動，當對方身體向前傾之際，我即將兩掌握拳從

圖2-120　　　　　　　圖2-121

身後分為左右奔向正前方，直到兩拳拳面接觸到對方之雙
耳耳門處為度。

二十二、披身踢腳（4動）

披身踢腳的命名釋義：此式指轉身躲閃之後，以腳踢
之意，故取此名。

1. 兩拳右轉

右腳跟鬆力，身體右轉（腳尖向正南）；同時，視線
隨兩拳向右前方（東南隅）轉移，重心仍在右腳，眼從兩
拳間平遠看，意在兩拳。（圖2-121）

圖2-122

【感覺】

右腿發脹、發熱，兩拳心與左腳心蠕動。

【用法】

如對方將我兩手腕攥著往後拽時，我即隨其拽勢，上體微微向右扭轉，變為歇步（右腳尖外擺，左膝抵住右腿膕窩，左腳跟揚起），這時對方的身體重心已失。

2. 兩拳交叉

身與兩臂轉向正南，鬆腰蹲身，左腿自然虛鬆，左腳腳尖著地，腳跟揚起；同時，左拳向右移，左腕貼於右拳腕部外側成交叉狀，拳心均向裏，重心仍在右腳；眼仍向左前方平遠看；意在左拳。（圖2-122）

【感覺】

右腿發脹、發熱、發酸，脊背發熱。

圖2-123

【用法】

　　如對方捋住我的兩手腕，復以右腳踢我襠部。我則身體右轉90°。同時，兩手臂（鬆肩垂肘）內旋使兩前臂交叉形成十字狀態，兩腿成為歇步。這時我已做到了披身，而對方身體處於傾斜欲倒之勢。

3. 兩拳高舉

　　兩拳交叉向前上方伸舉過頭頂，身隨拳起，交叉之兩腕伸到頭上，拳心轉向外，左膝提起，左腳尖懸垂；右腿獨立；眼向正前（正南）方平遠看；意在兩拳。（圖2-123）

【感覺】

　　右腳如樹植地生根，脊背發熱。

【用法】

　　接上動，當對方以右腳踢我腹部，我扭身披閃後，復將左腳提起，準備待發之勢。

圖2-124

4. 兩掌平分

兩拳變掌，各以小指引導向左前、右後斜線平分，左腳以腳跟向左（正東）方蹬出，與左臂上下成平行直線；左掌掌心向右，指尖向前（正東），右掌掌心向左，指尖向後（正西）；重心在右腳，目視左掌大拇指尖；意在左掌掌心。（圖2-124）

【感覺】

右腳五趾抓地，左腳力貫腳跟。兩掌掌心發熱。

【用法】

按上動，當對方身體傾斜之際，我及時發出左腳，以腳跟對準對方之右髖骨頭蹬之，即可將對方蹬出很遠。

二十三、回身蹬腳（4動）

回身蹬腳的命名釋義：此式指身體回旋180°，而後發

圖2-125

腿蹬出之意。

1. 左腳右轉

左腳踝部鬆力，視線轉於右掌大拇指，左腳向右方弧形下落在右腳外側，腳跟著地，腳尖翹起；同時，鬆右腳跟，身隨右臂往右後方轉（向西北）。重心仍在右腳，意在右掌掌心。（圖2-125）

【感覺】

兩肋舒鬆暢快，右掌心與左腳心發熱。

【用法】

當我以左腳蹬對方，對方避開後復以右腳踢我之實腿（右腿）時，我則將左腳隨著身子向右回旋落於右腳尖的

圖2-126

前面，以腳跟著地腳尖翹起。這時上身向右轉90°為止。

2. 兩拳交叉

左腳漸漸落實。身向右轉（正北），蹲身提右膝，右腳尖虛沾地面；同時，兩掌變拳，腕部交叉，右拳在外，左拳在內，拳心均向裏，重心在左腳；眼看右前方（東北隅）；意在右拳。（圖2-126）

【感覺】

左腿發脹、發熱、發酸。

【用法】

接上動，當左腳落下之後，上體繼續向右轉成90°（面向正北）。同時兩拳前臂交叉成十字，右拳在外，左拳在內，兩膝微屈，上體略蹲，重心在左腳，右腳尖虛沾地面，避開了對方右腳向我的襲擊。

圖2-127

3. 兩拳高舉

兩拳交叉向前上方伸舉，身隨拳起，交叉之兩腕伸到頭前上方，拳心轉而向外，右膝提起，右腳尖懸垂，左腿獨立；眼向右前（正東）方平遠看；意在左拳。（圖2-127）

【感覺】

左腳如樹植地生根，脊背發熱。

【用法】

如對方向我撲來，我即乘隙擎起對方的雙臂，高舉過頭頂。同時，提起右腿，準備發腿蹬之。

4. 兩掌平分

兩拳變掌，各以小指引導向右前、左後斜線平分，右

圖2-128

腳跟向右前（正東）蹬出，與右臂上下成平行直線；右掌掌心向左，指尖向前（正東）；左掌掌心向右，指尖向後（西北）。重心在左腳，視線注於右掌大拇指尖；意在左掌掌心。（圖2-128）

【感覺】

左腳五趾抓地；右腳力貫腳跟。兩掌掌心發熱。

【用法】

接上動，用右臂橫架住對方之右臂。同時，左掌向左後方伸展，而右腳則會自動地蹬出，應以右腳跟對準對方的右髖骨頭處蹬之。這時對方必被蹬出很遠。

二十四、撲面掌（4動）

撲面掌的命名釋義：此式指順步採掌，兩掌交替滾轉，連撲帶蓋之意，故取此名。

圖2-129

1. 左掌下按

左膝鬆力，鬆腰蹲身；右腳下落，腳跟著地成左坐步式；左掌隨右腳之下落而下按，右掌摟右膝回收至右肋旁，掌心向上；重心在左腳，視線隨右掌食指移動，意在左掌掌心。（圖2-129）。

【感覺】

左腿發脹、發熱、發酸，左掌心與右腳心蠕動。

【用法】

如對方以右手擊我前胸，我則以左手黏其前臂向下滾壓沉採，使對方的上身前傾失重。

圖2-130

2. 右掌前按

抬頭，視線逐漸向前平看，右腳尖逐漸落平，右腿屈膝前弓成右弓步式；右掌以無名指引導向前按出，掌心向外，大拇指遙對鼻尖，左掌在右肋旁，重心在右腳，眼從右大拇指尖上方平遠看，意在右掌掌心。（圖2-130）

【感覺】

右腿發脹、發熱、發酸。右掌掌心與左腳腳心蠕動。

【用法】

接上動，當我以左掌沉採對方的右臂，待其身體失重之際，隨即用右掌向前虛擊其面部。這時，弓右膝，左腿在後伸直，形成右弓步，必將對方發出很遠。

3. 右掌下按

左膝鬆力，左腳前進一步，腳跟著地，腳尖翹起。左

圖2-131

掌屈肘回收至左肋旁，掌心朝上；同時，右掌以小指引導
向前下伸出，掌心向下，高與腹平，同時，提頂長身，右
腿微屈，重心仍在右腳；目視右食指尖，意在右掌根（外
側腕骨前）。（圖2-131）

【感覺】

右腳如樹植地生根，右掌與左腳心蠕動。

【用法】

如對方以左掌向我胸部打來，我則以右掌黏其前臂向
下沉採，對方必上身前傾失重。

4. 左掌前按

右掌以小指引導向下翻轉並向左肋處回採；同時，鬆
右膝、蹲身。右肘到左掌指尖前時，鬆左膝，左掌以食指
引導，從右臂彎處向上穿出並向右前（正東）伸出至食指

圖2-132

遙對鼻尖時，左腿屈膝前弓成左弓步（順步），重心在左腳，視線注於左掌食指尖；意在左掌掌心。（圖2-132）

【感覺】

左腿發脹、發熱。兩掌掌心發熱。

【用法】

接上動，當我以右掌沉採對方的左臂，待其身體失重之際，隨即用左掌向前虛擊其面部。同時弓左膝，右腿在後伸直，形成左弓步，必將對方發出很遠。

二十五、十字腿（單擺蓮）（4動）

十字腿（單擺蓮）的命名釋義：此式指左臂與右腿所運轉互相交叉和相觸之動作，形如十字狀，又好似風之擺蓮，故取此名。

圖2-133

1. 左掌右捋

右掌不動，左掌以食指引導向右轉，視線隨之移動，此時，左腳尖向右轉（腳尖向正南），重心仍在左腳，目視左掌食指尖，意在左掌掌心。（圖2-133）

【感覺】

兩掌掌心蠕動，脊背發熱。

【用法】

如對方以右手從身後抓住我的右肩頭時，我則以左掌掌心黏其右腕（扣住不要離開）。

2. 左掌繼捋

右掌不動，左掌繼續向右轉180°到右耳外側為止，掌心仍向外，指尖向上；同時，身隨掌轉（面向正西），右腳跟虛提，重心仍在左腳，眼向正前方平遠看；意在左掌掌心。（圖2-134）

【感覺】

左腳如樹植地生根。左掌心與右腳心發熱，脊背發熱。

【用法】

接上動，如對方之右腕被扣住，有要脫開之意時，可使左掌繼續向右捋。同時，向右轉身（面向正西）。這時，對方必失去身體重心。

3. 右腳上提

右腳以小趾向左前上方虛提；同時，左掌以食指引導向右移動（與肩平），掌心向下，重心不變；視線亦不變。意仍在左掌掌心。（圖2-135）

【感覺】

兩腿同時發熱。左掌掌心發熱，指尖發熱。

【用法】

接上動，當我將對方右臂腕拿住之後，抬起右腳準備擺踢。

4. 右腳右擺

右腳向右上方擺動，擺到腳尖遙與鼻尖相對時，右腳

圖2-134

圖2-135

圖2-136

圖2-137

向右前方下落腳跟著地成左坐步式；左掌向左轉以指尖輕
掠腳尖後，擺向左後上方，右掌不動，重心在左腳，目視
左掌食指尖，意在左掌。（圖2-136、圖2-137）

【感覺】

左腳如樹植地生根，左掌心與右腳心蠕動。

【用法】

接上動，我用右腳背拍擊對方腰間（即兩腎），同時以左掌反擊其下頜或耳後之翳風穴。

二十六、摟膝指襠捶（4動）

摟膝指襠捶的命名釋義：此動作與摟膝拗步式相同，只是最後以掌改變為拳，向對方之下腹部進擊，故取此名。

1. 右掌下按

左掌收至左耳外側，左腕鬆力，左掌指尖虛向前，右掌以食指引導向右前下方按去，到右膝外側為止，掌心向下，指尖向前；視線隨右掌食指移動；意在右掌掌心。（圖2-138）

【感覺】

左腿發脹、發熱、發酸。兩掌掌心發熱。

【用法】

如對方以右掌向我面部打來和左腳向我下腹部進攻，我則以左手迎其右臂腕部，以右手按其膝，使對方失去重心。

圖2-138　　　　　　　　圖2-139

2. 左掌前按

右腿屈膝前弓成右弓步式；同時，左掌以無名指引導向前按出，掌心向外，指尖向上，重心在右腳，眼從左掌大拇指尖上平遠看，意在左掌掌心（圖2-139）

【感覺】

右腿發脹、發熱。右掌心與左腳心發熱。

【用法】

如對方左腳在前，用左手向我面部打來，我即用右手沉採對方的左臂彎。同時進右步以右膝貼近其左膝內側，與此同時發左掌擊其面部或腋下神經。

3. 左掌下按

左掌以食指引導向前下按至右膝前，同時右腕鬆力，

圖2-140

向上提至右耳旁。左膝鬆力，左腳向左前方邁進一步，腳跟著地，重心仍在右腳；目視左掌食指尖；意在左掌掌心。（圖2-140）

【感覺】

右腿發脹、熱、酸，兩掌掌心發熱。

【用法】

如對方以左掌向我面部並以右腳向我下腹部同時進攻，我則以右手黏其左手腕部上提。同時以左手按其右膝，使對方的進攻失去效用。

4. 右拳指襠

左腳逐漸落平，左腿屈膝前弓成左弓步式。左掌摟膝後，右掌變拳從右肋隨左膝之前弓而向前下方伸到左膝上方，拳眼向上，左掌虛貼右臂內側（腕後肘前），重心仍

圖2-141　　　　　　　　圖2-142

在左腳；目視右拳食指中節，意在右拳拳面（圖2-141、圖2-142）

【感覺】

左腿發脹、發熱，兩肋舒暢鬆空，脊背發熱。

【用法】

如對方以右掌向我前胸打來，我則以左手黏住其右肘部，同時將右掌向右後上方一擺，然後返回到右肋間握成拳，繼之以右拳向對方之下腹部進擊。

二十七、正單鞭（6動）

正單鞭的命名釋義：此式指豎腰、立頂、蹲身動作喻為鞭竿，兩臂展開動作喻為鞭梢，即以鞭竿坐勁而力貫鞭梢之意，故取此為名。

圖2-143

1. 右拳前掤

右拳向左前方翻轉向上伸出，拳心向內，鬆肘立腰，鬆右膝，右腳向前伸出，成左坐步式，重心在左腳；目視右拳食指中節；意在右肘與左膝相合。（圖2-143）

【感覺】

左腿發脹、發熱、發酸，脊背發熱。

【用法】

接上動，如對方以右手採住我的右手腕時，我即使拳心翻轉向上。同時進右步以腳跟著地，腳尖翹起。注意左掌的中、食指指尖始終扶在右脈門處。

圖2-144

2. 右掌前掤

右腳落平，右腿屈膝前弓成右弓步式；同時，右拳鬆開變為掌，向右前方掤出，掌心向上，重心在右腳；視線隨右掌食指尖移動；意在右掌。（圖2-144）

【感覺】

右腿發脹、發熱，右掌掌心與左腳腳心發熱。

【用法】

接上動，當我右拳翻轉向上之後，隨即將右拳向前舒伸，右拳鬆開變掌並且將右腳逐漸放平。弓右膝，左腿在後伸直形成右弓步，這時，對方必被掤出很遠。

3. 右掌後掤

身向後坐成左坐步式；同時，右肘鬆力，右掌向右後方弧形移至右耳旁，左掌隨之，眼與大拇指及中指成一直

圖2-145

線時止，重心在左腳；視線始終在右掌食指尖；意在右掌
掌心。（圖2-145）

【感覺】

左腿發脹、發熱、發酸。兩掌掌心蠕動。

【用法】

如對方以右拳向我前胸打來，我即將右臂長伸向對方
之臂下邊，然後以右掌食指引導向身之右後上方掤起。同
時，左膝鬆力，身往後坐，成為左坐步。這時，對方必被
掤出很遠。

4. 右掌前按

腰微鬆，右肘尖微向前下鬆垂，右腳尖向左轉；同
時，右掌循右腳尖下落方向按出，掌心向外，指尖向上，
在右腳尖落平時，左掌四指尖始終扶在右脈門處，右膝弓

圖2-146　　　　　　　　圖2-147

足，重心落於右腳；目視右掌食指尖；意在右掌掌心。
（圖2-146）

【感覺】

右腿發脹、發熱，脊背發熱。

【用法】

接上動，當我把對方掤起之後，他想後退時，我則以
左掌沿其脊椎從上向下捋到其命門。同時以右掌對準對方
的面部或肩頭前按。這時必將對方按出。

5. 右掌變鉤

右腕鬆力，右掌五指指尖聚攏成鉤，右腕向上凸起，
鉤尖向下鬆垂，目轉視右腕，左腳向左方（正東）舒伸，
腳尖虛著地面，重心仍在右腳；視線與意均在右腕。（圖
2-147）

【感覺】

右腿發脹、發熱、發酸。右手心與右腳心蠕動。

【用法】

如對方以右掌向我面部打來，我則以右掌刁其右手腕，同時向右略微一側身，進左步鎖其右腿。

6. 左掌平按

左掌以食指引導，由右腕下逐漸向左（走外弧形線）移動，掌心與眼平行，眼看左掌食指尖；左掌移至兩腳正中時，左腳跟向右收回落平，腰部鬆垂，重心在兩腳，左掌以小指引導，掌心逐漸向外翻轉至左腳尖前上方，掌心向外，指尖向上；目視左掌食指尖，意在左掌掌心。（圖2-148）

【感覺】

兩大腿內側發酸、脹、熱，左掌食指尖自行蠕動。

【用法】

接上動，當我右手刁住對方的右手腕和進左步鎖住其後腿，同時左肩放鬆，左肘下沉，左掌向對方的面部或肋下按出。與此同時，屈膝略蹲成馬步。這時必將對方發出很遠。

二十八、雲手（6動）

雲手的命名釋義：此式指兩臂上下循環運轉，其回旋纏繞之速度均勻和動作綿綿之姿態，就好像上空之行雲一般，故取此名。

圖2-148　　　　　　　　　圖2-149

1. 左掌下捋

　　左腕鬆力，左掌以食指引導向右下方移動，掌心向右，經左膝弧形移到右膝前上方，重心漸漸移於右腳；右鉤變掌，以食指引導向右方伸出，掌心向下，重心落於右腳；目視右掌食指尖；意在右掌掌心。（圖2-149）

　　【感覺】

　　右腳如樹植地生根，右掌心與左腳心舒張。

　　【用法】

　　如對方以左掌打我嘴巴，我則以右掌黏其左手腕，並以左掌向自己的右腳跟後方往下一捋。這時，對方已失去平衡，站立不穩。

圖2-150

2. 左掌平按

　　左掌以食指引導向右上方移到右臂內側，先向右前方移動，掌心向內，左掌繼續弧形向左移動，身隨掌起，左掌移到正前方時，左腳落平，重心平均於兩腳；左掌小指外轉，掌心漸漸向外，到左前方時，重心移於左腳；左掌轉到左方（正東）時，掌心向下平按，與肩平為度；同時，右掌向右經右膝弧形移動到左膝為止，重心落於左腳；目視左掌食指尖；意在左掌掌心。（圖2-150）

　　【感覺】

　　左腿發熱、發酸，左掌心發熱。

　　【用法】

　　接上動，當對方身體失去重心不穩之際，我即將其向右下将之，左掌返回向上，向左沿其臂之內側反擊其面，

| 圖2-151 | 圖2-152 |

或用左臂沿其左臂外側，左掌隨進隨轉，以掌拍其右肩。這時，對方必應手而倒地或跌出。

3. 右掌平按

右掌以食指引導向左上方移到左臂內側，先向左前方往上移至極度，身隨掌起，右腳收至左腳旁；右掌繼續向右移，到正前方時，重心在兩腳，到右前方時，重心移於右腳；右掌繼續轉到右方（正西）時，掌心向下按，以與肩平為度；同時，左掌向左經左膝弧形移到右膝止；此時左腳向左橫開一步，腳尖著地，重心落於右腳，目視右掌食指尖，意在右掌掌心。（圖2-151、圖2-152）

【感覺】

右腿發熱、發酸，右掌心發熱。

【用法】

如對方以右掌打我嘴巴，我則以左掌黏住其右手腕，並以右掌沿其臂之內側反擊其面部，或用右臂沿其右臂外側，使右掌隨進隨轉，以掌心拍其左肩，這時對方則應手而倒地或跌出很遠。

圖2-153

4. 左掌平按

左掌以食指引導向右上方移動到右臂內側，先向右前方移動，掌心向內，左掌繼續弧形向左移動，身隨掌起；左掌移到正前方時，左腳落平，重心平均於兩腳；左掌小指外轉，掌心漸漸向外，到左前方時，重心移於左腳；左掌轉到左方（正東）時，掌心向下按，以與肩平為度；同時，右掌向右經右膝弧形移到左膝前止，重心落於左腳，目視左掌食指尖，意在左掌掌心。（圖2-153）

【感覺】

左腿發熱、發酸，左掌心發熱。

【用法】

如對方以左掌打我嘴巴，我則以右掌黏住其左手腕，並以左掌沿其臂之內側反擊其面部，或用左臂沿其左臂外側使左掌隨進隨轉以掌心拍其右肩。這時對方必應手跌出。

圖2-154

圖2-155

5. 按掌變鈎

右掌以食指引導，向左上方移到左臂內側時，先向左前往上移至極度，身隨掌起，右腳收至左腳旁；右掌繼續向右移動，到正前方時，重心在兩腳，右掌小指外轉，掌心漸漸向外；到右前方時，重心移於右腳；右掌轉到右方（正西）時，掌心向下平按，以與肩平為度；同時，左掌向左經左膝、右膝弧形移至右臂內側時，右肘鬆力，右掌向左微移，以右脈門接觸左掌指尖時，右掌腕部鬆力，五指聚攏變成鈎；同時，左腳向左橫開一步，腳尖著地，重心落於右腳，目視右鈎腕部，意在鈎尖。（圖2-154、圖2-155）

【感覺】

右腿發熱、發酸，右手心與左腳心發熱而蠕動。

【用法】

如對方以右掌向我面部打來，我則先以左掌採住其右肘，使其身子前傾。然後，右掌五指抓攏變成虛鈎。以手腕部向其下頜襲擊。同時左腳向左橫開一步，腳尖虛沾地面。

6. 左掌平按

左掌以食指引導，由右腕下逐漸向左（走外弧形線）移動，掌心與眼相平，眼看左掌食指尖；左掌移至兩腳正中時，左腳跟向右收回平落，腰部鬆垂，重心在兩腳；左掌以小指引導，掌心逐漸向外翻轉至左腳尖前止，掌心向外，指尖向上，目視左掌食指尖，意在左掌掌心。（圖2-156）

【感覺】

兩大腿內側發酸、發脹、發熱，左掌食指尖自行蠕動。

【用法】

按上動。我再用右手刁住對方的右手腕，同時，上體下蹲成為馬步，並以左掌沿著對方的右臂外側向上、向左平按，至左掌掌心貼近對方之右肩為度。這時對方便會應手跌出很遠。

二十九、下式（2動）

下式的命名釋義：此動作是從高的形式突然變為低的形式，其式之形態好像鷹在空中盤旋，突然下落如捕兔之狀，故取此名。

圖2-156　　　　　　　　圖2-157

1. 右掌前掤

　　右鈎變掌，掌心向下，右掌以食指引導向下經右膝、左膝，再上行到腕與肩平，視線轉向右手食指；同時，左掌隨右掌向左前伸出，以兩掌相齊為度，左掌掌心向右，右掌掌心向左，兩掌相對，指尖均向前；兩掌距離與肩寬相同，重心隨之移至左腳，眼向左前（正東）平遠看；意在右掌掌心。（圖2-157）

　　【感覺】

　　左腿與胯部發熱、發酸，兩掌掌心蠕動。

　　【用法】

　　如對方用雙掌向我前胸撲來，我即將右掌向對方的右臂外側的下邊互相黏住。同時，將右腿向後撤退一步。這

圖2-158　　　　　　　　圖2-159

時，對方的身體必失去平衡。

2. 兩掌回捋

兩腕鬆力，虛向上提，掌心空；同時向上長身，兩腿平均站立。右臂與肘虛領，將身領正後再往右方下移，以右掌到右膝前為度，左掌則以左腕引導向下移到左膝前為度，兩掌掌心均向下，當兩掌回捋而向下按時，向下蹲身，重心移至右腳，左腿舒直成右仆步式（腳尖均向南），上身正直，眼向左前平遠看；意在右掌掌心。（圖2-158～圖2-160）

【感覺】

右腿發脹、發熱、發酸。兩掌掌心蠕動。

【用法】

接上動。在我右掌黏住對方的右臂時，腕部向後、向

圖2-160　　　　　　　　　圖2-161

下沉採。這時對方必應手撲跌。

三十、上步七星（騎鯨）（2動）

上步七星（騎鯨）的命名釋義：此式形成突出了身上的七個部位，即頭、肩、肘、手、胯、膝、腳部位，而構成的姿勢則謂之七星上步動作，形如騎鯨，故取此名。

1. 右掌前掤

左掌指尖向前伸，左腳尖向左轉，右掌以食指引導向前伸到左肘肘下，掌心向上。左腿屈膝前弓，重心移到左腳，開右腳跟成左弓步式；目視右掌食指尖，意在左掌掌心。（圖2-161）

【感覺】

左肋鬆空，右肋舒暢，左腿與右掌掌心均發熱。

【用法】

當對方身體被我牽動失去重心而前傾之際，我即用右掌向對方之下腹部襲擊。

2. 兩掌上掤

右掌以食指引導沿左臂下往前舒伸，兩掌交叉，右掌在外，掌心向左，左掌在內，掌心向右；直腰鬆右膝，出右腳成左坐步式；視線先隨右掌食指，兩掌交叉後，由兩掌中間向正前方平遠看，意在左掌掌心。（圖2-162）

【感覺】

左腿發熱、發脹，右掌外緣有撐勁，左掌心與右腳心發熱。

【用法】

兩掌架住對方右臂，同時以右腳蹬對方後腿脛骨。

三十一、退步跨虎（2動）

退步跨虎的命名釋義：此式動作是以右腳由前向後撤一大步，坐身然後收左腳，腳尖虛沾地面成跨虛步。兩臂分開，前掌後鉤。拳術之術語稱此式為跨虎式，故取此為名。

圖2-162　　　　　　　圖2-163

1. 兩掌前掤

　　兩腕鬆力，兩掌分開向前舒伸，掌心均向下，右腳往後撤到極度，與左腳前後成一直線，腳尖著地，重心仍在左腳；視線由兩掌中間向前平遠看；意在左掌掌心。（圖2-163）

　　【感覺】

　　左腿發熱、發脹。胸及兩肋舒暢。兩掌掌心發熱。

　　【用法】

　　如果對方用拳打我之面部，同時用腳踢我前腿時，我則左右兩掌向前上掤起，架住對方的來手，然後以鈎手鈎住對方踢來之腳踝，等待化發之勢。

圖2-164　　　　　　圖2-165

2. 兩掌回捋

　　兩掌向右下回捋到左膝處，右腳跟向左（正北）落平，右腕上提到右耳側後向前掤出（正南），掌心向左，拇指向上；同時，左掌變鈎向後撤，鈎尖向上，左腳收回到右腳旁，腳尖虛著地，重心在右腳；眼向左前方（東南）平遠看；意在右掌掌心。（圖2-164、圖2-165）

　　【感覺】

　　右腳如樹植地生根。兩肋鬆空，右掌掌心與左腳心蠕動。

　　【用法】

　　接上動，在我以鈎手鈎住對方踢來之腳踝後，並以另一手掛住對方擊來之手，左右兩腕部朝前後方向分開。同時我急轉身將前腿向後撤回靠近右腿，閃開我的正中部

圖2-166

分，使對方著法落空則應手而向後摔倒。

三十二、回身撲面掌（2動）

回身撲面掌的命名釋義：此式指由前向後回轉過身子以後，再發掌撲蓋向前擊之意。故以此為名。

1.右掌右捋

右掌以食指引導向右轉（正西），掌心向下，身隨掌轉，重心仍在右腳；目視右掌食指尖；意在左掌掌心。（圖2-166）

【感覺】

右腿發熱、發脹，右掌指尖發脹。

圖2-167

圖2-168

【用法】

　　如對方用右拳從我身之右側打來，我即向右轉身。同時右掌以指尖向對方的眼睛虛擊。這時，對方受到突然襲擊，而使原向我進攻之動作處於遲鈍和發呆之狀態。

2. 左掌前按

　　左鉤漸變為掌，掌心翻轉向上，鬆左臂，以食指引導從左肋前向右上方斜伸到右臂內側，右掌掌心同時翻轉向上，左掌繼續向前（正西）伸長，伸到與右掌相齊時，左腳向右腳前邁出一步，腳落平後，左掌向前（正西）按出，掌心向外，指尖向上；同時，左腿屈膝前弓右腳跟外開成左弓步式；右掌收到右肋前，掌心向上，重心在左腳，視線隨左掌食指尖，意在左掌掌心。（圖2-167、圖2-168）

【感覺】

左腿發脹、發熱，脊背圓而力氣充足，兩掌掌心發熱。

【用法】

接前動，當用右掌向對方眼前虛晃一招，立即收回使掌心翻轉向上，以手背沉採其右臂。復以左掌從胸口向前發出（要含撲蓋之意）擊其面部。同時進左步鎖住對方之後腿，但要求與發掌之動作協調一致。

三十三、轉腳擺蓮（4動）

轉腳擺蓮的命名釋義：此式指右腳之弧形運轉與左右兩掌逐遞相觸之動作，形若風之擺而蓮之搖的意義，故取此為名。

1. 左掌右捋

右掌不動，左掌以食指引導向右移動至右肩旁，視線隨之，左腳尖向左轉（正北），重心仍在左腳；目視左掌食指尖；意在左掌掌心。（圖2-169）

【感覺】

兩掌掌心蠕動，脊背發

圖2-169

圖2-170

熱。

【用法】

如對方以右手從我身之背後抓住我的右肩，我則向右轉身並以左掌黏其右手腕。

2. 右掌回捋

右掌以食指引導，從左臂下弧形向右轉移動，掌心向前（正東），左掌隨動，到右臂內側為止，掌心向右（正西）；同時，右腳跟虛起，腳尖著地，重心在左腳；視線先隨右掌食指，身轉正（正東）後，向正前方平遠看；意在左掌掌心。（圖2-170）

【感覺】

右肋虛空舒適，左腳如樹植地生根，右掌掌心發熱，指尖發脹。

圖2-171

【用法】

接上動，在我將對方之右手腕扣住。復以右臂從對方的右臂下邊向上穿出，再向右方滾轉下壓。

3. 右腳上提

右腳以大趾向引導左前方往上虛提；同時，左掌以食指引導向右舒伸（與肩平），掌心向內，重心不變；視線亦不變；意在左掌掌心。（圖2-171）

【感覺】

左腳五趾抓地。兩掌掌心發熱而蠕動。

【用法】

接上動，在我將對方之右臂壓住之後，隨之，將右腳抬起，準備待發。

4. 右腳右擺

右腳向上方擺動，擺到腳尖與鼻尖相對為止；同時，左右兩掌向左轉到正前方與腳相遇時，以指尖逐遞輕掠腳尖，隨後，右腳向右前方下落成左坐步式（隔步），兩掌向左後（西北）舒伸，左掌在前，右掌在後，掌心均斜向下，重心仍在左腳；視線在掌與腳相掠後，隨左掌食指尖；意在左掌掌心。（圖2-172）

【感覺】

左腳五趾抓地，胸、背部發熱，兩臂韌帶引長。

【用法】

接上動，我將右腳抬起之後，以腳背由左向右擺踢對方之腰部。與此同時，左右兩掌從右向左反擊其面部。這時，對方身體重心已失，則由我任意擊之。

三十四、彎弓射虎（4動）

彎弓射虎的命名釋義：此式兩臂之動作和身法之披閃以及弓箭步之配合，所形成之姿勢，好像握弓射箭。故取此為名。

1. 兩掌回捋

兩掌向右前方往下捋到左膝前時，右腳落平，到右膝前時，兩掌變拳，兩肘鬆力，兩拳上提到右側上方，拳眼

圖2-172　　　　　　　　　圖2-173

相對；右腿屈膝前弓成右弓步式，重心落於右腳；視線先隨左掌食指，到正前方時，隨右掌食指尖，變拳後隨右拳食指中節；意在右拳。（圖2-173）

【感覺】

右腿內側發熱、發酸。腰、背部發熱。右拳與左腳心蠕動。

【用法】

如對方以左拳擊我胸部。我則微向右轉身，並以雙手順其來勢往外、往上略微一帶。這時對方身體重心必失去平穩。

2.兩拳俱發

右拳向左前方（東北）發出，左拳在下隨之，亦向左前方發出，右拳在上，拳眼向下，左拳之拳眼向上（兩拳

圖2-174

上下距離約一肩寬），左肘對右膝，重心仍在右腳；視線
循右拳食指根節向左前方遠看；意在右拳。（圖2-174）

【感覺】

右腳如樹植地生根。小腿發脹、發熱。右拳心與左腳
心發熱。

【用法】

接上動，在我隨其來勢以雙手往外、往上一帶之後，
隨即兩手握拳提至右耳旁，復向左前方橫擊敵之左腋下神
經，這時敵必被發出很遠。

3. 兩掌回捋

兩拳漸變為掌，向右後方（西南）往上移動。兩掌伸
到極度時，鬆左膝，左腳向左前方伸出，腳跟著地。兩掌
向左前方往下捋按，到右膝前時，左腳落平；到左膝前

圖2-175　　　　　　　　　圖2-176

時，兩掌變拳，向上提到左耳外側，拳眼相對，左腿屈膝前弓成左弓步式（隅步），重心落於左腳；視線先隨右掌食指尖；到正前方時，隨左掌食指尖；變拳後，隨左掌食指中節；意在左拳。（圖2-175、圖2-176）

【感覺】

左大腿內側發熱、發酸。腰、背部發熱。左掌心與右腳心蠕動。

【用法】

如對方以右拳向我前胸打來，我則微向右轉身，並以雙手順其來勢往外、往上一帶。這時對方身體必失去平衡。

4. 兩拳俱發

左拳從左耳上向右前方（東南）發出，右拳在下隨之，亦向右前方發出，兩拳拳眼相對，右肘對左膝，重心

圖2-177

仍在左腳；視線循左拳食指根節向右前方遠看；意在左拳。（圖2-177）

【感覺】

左腳如樹植地生根。小腿發脹、發熱。左拳心與右腳心發熱。

【用法】

接上動，在我隨其來勢以雙手往外、往上一帶之後，隨即兩手握拳提至左耳旁，復向右前方橫擊敵之腋下神經，這時敵必被發出很遠。

三十五、卸步搬攔捶（4動）

卸步搬攔捶的命名釋義：此式指向後撤步之同時，以兩掌向左、右搬移對方之來力。然後用左立掌攔阻來手。隨之，以右拳進擊其肋、胸部之意。故以此為名。

圖2-178　　　　　　圖2-179

1. 兩掌右搬

　　左拳屈肘外旋至左肋前，拳心翻轉向上。右拳屈肘內旋至左胸前，拳心向下，與左拳上下相對（中間距離約10公分，即一拳高）；之後均變掌，一同向右前方伸出（即搬），右掌以臂舒直，掌心向下，左掌掌心向上（位於右掌腕後肘前）；同時，鬆右膝，往後坐身，重心落於右腳，收左腳向左後方撤一大步，左腳虛著地面；視線先隨左拳，變掌後隨右掌食指尖；意在右掌掌心。（圖2-178、圖2-179）

　　【感覺】

　　四肢韌帶引長，特別舒適。右腿發脹、發熱。兩肋舒暢。

圖2-180

【用法】

如對方以右拳擊我前胸，我則雙掌分為前後黏其臂腕向右搬開（使其來力之方向轉移），同時左腳後撤一步，腿之膕窩舒直與前腿形成弓步。

2. 兩掌左搬

右掌屈肘外旋撤至右肋前，掌心翻轉向上。左掌同時內旋，掌心向下，與右掌上下相對（中間距離約10公分）；之後，兩掌一同向左前方伸出，左掌以臂舒直，掌心向下，右掌掌心向上（位於左肘前）；同時，鬆左膝，往後坐身，重心落於左腳，收右腳向右後方撤一大步，右腳虛著地面，視線注於左掌食指尖；意在左掌掌心。（圖2-180）

【感覺】

四肢韌帶引長，特別舒適。左腿發脹、發熱。兩肋舒

圖2-181

暢。

【用法】

如對方復以左拳擊我胸部，我則以雙掌分為前後黏其臂腕向左搬開，使其來力之方向轉移。同時，右腳向後撤退一步與前腿形成弓步式。

3. 左掌回攔

鬆腰，重心漸移向右腿，左掌仍以食指引導弧形向左後捋，右掌在下隨之，重心完全移到右腳成右坐步；左掌向正前方上伸，食指遙對鼻尖，掌心向右；右掌漸變為拳往右後下方撤到胯上為度，重心落於右腳；視線經左掌食指尖平遠看；意在左掌掌心。（圖2-181）

【感覺】

右腿發脹、發酸，右拳心與左腳心同時發熱。

圖2-182　　　　　　　　　圖2-183

【用法】

如對方以右拳擊我前胸，我即向後撤步退身，並以左掌攔阻其右臂使不得前進。這時，右手握拳置於右肋旁準備待發之勢。

4. 右拳前伸

右拳漸向正前方伸出，伸到左掌掌心右側，左腳落平成左弓步式時，右拳繼續前伸，以右臂舒直為度，右拳食指中節遙對鼻尖，重心在左腳；意在左掌，視線經右拳上面向前平遠看。（圖2-182）

【感覺】

左腿發脹、發熱，右臂引長。

【用法】

接上動，當我用左掌阻住對方之右臂之後，隨之，將右

拳（捶）從對方右臂下邊向前進擊敵胸或右腋下之神經。

三十六、如封似閉（2動）

如封似閉的命名釋義：此式指兩臂之交叉時形成斜十字狀，好像封條一般；兩掌前按之動作形式又好像用手關門一樣。兩掌所運轉之動作，在術語上叫作封格、截閉之手法，故取此名。

1. 兩掌回捋

左掌移至右肘外側（掌心向右），重心漸移至右腿，右拳隨而後撤到與左掌相齊時，拳舒為掌，兩掌左右分開，與肩同寬，掌心向後，十指向上，兩肩鬆力，兩肘下垂，腕與肩平，鬆腰，身體後坐成右坐步式，重心落於右腳；視線向正前方平遠看；意在兩掌掌心。（圖2-183）

【感覺】

右腿發脹、熱、酸。兩掌掌心與十指指尖均發熱、發脹。

【用法】

如果我的右手腕和肘部被對方抓住或按住時，我則以左手環轉之力，用肘的中部劃撥開對方的手之後，以便撤出右手來，向左右分開。

這時已將對方拿（提）起。

圖2-184

2. 兩掌前按

兩掌以小指引導，掌心向內轉，漸而向正前方按出；同時，重心漸移至左腳成左弓步式；兩掌向前按至極度，掌心向外，兩臂微屈。重心落於左腳；視線由兩掌中間向正前方平遠看；意在兩掌掌心。（圖2-184）

【感覺】

左腿發脹、發熱，兩掌掌心蠕動。

【用法】

接上動，在我分開雙掌拿起對方之後，隨之，再取將按的手法直奔對方的左肩外側或對方的正中部分推擊而放之。

三十七、抱虎歸山（十字手收式）（6動）

抱虎歸山（十字手收式）的命名釋義：此式動作是指兩臂分開轉身攜抱，而後兩掌合成十字於胸前，作為拳套

圖2-185

終了之式，即恢復還原為起式狀態，故取此為名。

1. 雙掌前伸

　　兩腕鬆力，十指指尖向前舒伸，兩掌掌心向下按，以重心完全落於左腳為度，視線由兩掌中間平遠看，意在兩掌掌心。（圖2-185）

　　【感覺】

　　左大腿熱得屬害。兩臂引伸。掌心發熱，指尖發脹。

　　【用法】

　　如對方仍以雙掌向我推來，我則以兩掌由其前進當中向左右分開，復向前推其胸，或向下沉按其胸。這時，對方應手倒退跌出很遠。

圖2-186

2. 兩掌展開

　　右掌以食指尖引導，向右移動到正南方時，右腳以腳尖為軸，腳跟虛起向左移，以腳尖向南，腳跟向北為度；右掌再向右移動到正西方，左腳跟向左移，腳尖向南；當右掌向右前方移動時，左掌向左展開，兩掌掌心向下，兩臂均與肩平，重心落於右腳；視線注於右掌食指尖；意在右掌掌心。（圖2-186）

　　【感覺】

　　兩臂引長。胸、背部特別舒暢。

　　【用法】

　　如對方以左拳向我胸部打來，我則以左掌黏其左手腕略微向左一帶，同時向右轉身。進右步鎖住對方之後腿，再將右掌展開靠近對方胸腹部，兩掌掌心均向下。

圖2-187

3. 兩掌上掤

右掌以大指引導，掌心漸向右上方翻轉，轉至極度時，身隨掌起，左腳收到右腳旁，並虛著地；同時，左掌虛隨與右掌成同樣動作，兩掌到正前方處腕部交叉，左掌在外，掌心向右，右掌在內，掌心向左，十指指尖向上，重心落於右腳；視線由交叉兩掌中間向前上方遠看；意在兩掌指尖。（圖2-187）

【感覺】

兩肋舒暢。兩掌掌心發熱。十指指尖發脹。

【用法】

接上動，當我將對方兩腿鎖住和雙掌分開靠近其胸腹間之際，然後將兩手掌掌心翻轉朝天，同時長身併步（左腳向右腳靠攏）。這時，對方已被我抱起後又摔倒在地。

4. 兩肘下垂

兩膝鬆力，漸向下蹲身；兩肩鬆力，兩肘漸向下鬆垂，兩臂左右交叉搭成斜十字橫於胸前，以兩腕高與肩平為度，重心在兩腳；兩眼由交叉兩掌的中間向前平遠看；意在兩掌指尖。（圖2-188）

【感覺】

全身輕鬆、舒適，妙不可言。

【用法】

如敵將我抱住時，我即隨其抱勁做升降之動作，並將兩臂交叉成十字狀，使兩肘向下沉採。這時，對方即應手而跌坐在地。

5. 兩掌合下

兩肘同時鬆力，向左右平分，兩掌亦隨之漸分漸落至前胸，使左右兩掌的中指尖相接觸，繼之，食指指尖相接觸。最後拇指指尖相接觸，兩眼注視食指指尖；重心仍在兩腿；意在手背（即外勞宮）。（圖2-189）

【感覺】

腰部（命門）火熱，兩手心和兩腳心發熱，兩大腿和兩小腿發脹、發熱。

【用法】

十字手的用法，在太極拳中要占重要地位，因它是在「十字和圓轉當中求生存」，所以說太極拳全可以由雙手交叉中變動出來。十字手法不外是一開一合，開有法，合

圖2-188

圖2-189

也有法，也就是一顧一進的方法。進與顧要用得合適，不可有快慢，不然就會有措手不及的可能。

6. 太極還原

兩腳踝鬆力，兩膝鬆力，兩胯鬆力；這時，身體自然立起，兩眼視線離開食指尖向正前方平視；繼之，兩肩鬆力，兩肘鬆力，兩手腕鬆力；在做上述動作時，在意識上要形成落肩、落肘、落手的想像，猶如腐爛的牆皮一碰即落，最後，還要想像手指甲由拇指至小指依次脫落。（圖2-190）

【感覺】

通身是汗，渾噩一身，輕鬆愉快，全身各部關節動作靈活，血貫指尖，精神煥發。

圖2-190

【用法】

如對方用雙手將我推得站立不穩或失去重心時，我則意想「命門和丹田」，即可穩如磐石。

以上所介紹的是太極拳三十七式的全部動作和每個姿勢的用法。

當整套架子盤完之後，需要回憶一下在盤架子當中，有哪些姿勢或動作做得不夠理想。如果有，就把它們提出來單獨練習，直至練到順遂自然為止。

第三章
太極拳技擊術舉例

　　練習太極拳有體有用，即所謂「盤架子和推手」。盤架子與推手本屬一體，若分而言之，則係一體分為兩個部分。它不僅能夠起到強身之作用，而且它的每一招式都有其技擊之作用。合而言之，必須處處設想與敵打手，在無人處似若有人，而使精神貫注於所運用拳架子與推手相輔相成的循環反覆練習之中，才能逐漸加深體會與理解，使理論和實踐結合起來，從而得之。太極拳法既不是單純走架，也不是單純推手所能獲得的。

　　茲將太極拳式的命名之意義和招式的化解與進攻的方式方法舉例解釋和分析如下：

一、太極拳五捶

　　太極拳五捶，主要是搬攔捶、肘底捶、撇身捶、指襠捶、栽捶。其手型握法如圖3-1所示。

圖3-1

1. 搬攔捶用法（配合者為先生之子王乃庠）

如對方以右拳擊我胸部，我則以雙掌分為前後黏其臂腕部向右或向左搬移其來力。敵復蓄力進擊時，我即向後撤步退身，並以左掌攔阻其右臂使不得前進，而乘隙以右拳進擊其胸肋部或腋下神經。（圖3-2、圖3-3）

圖3-2

圖3-3

2. 肘底捶用法（配合者為先生之子王乃庠）

見對方以右手向我胸前打來時，我即以右手捋住其手腕向後下方沉採（此時對方重心已失，而向我身前傾斜）。同時，以左拳從前胸，經口鼻往前上方衝擊對方之下頜，然後使肘尖落於右拳拳眼之上面，使互相接觸為度。

用此法時應慎用，謹防失手。（圖3-4、圖3-5）

圖3-4

圖3-5

3. 撇身捶（又名彆身捶）用法

（配合者為先生之子王乃庠）

①**撇身捶擊打太陽穴**：如對方自我身後撲來，我急轉身，同時屈臂以肘尖擊其胸肋部。然後再用右拳擊打對方的太陽穴。（圖3-6）

圖3-6

②**彆身捶，又名「周倉扛刀」（大背挎摔法）**

對方以右掌擊我面部時，我則以右手将其右腕（使其掌心向上）左手輔佐之。同時以左肩緊貼其右肋下（作支點），隨即向右後方轉身。重心仍在左腿，右腳向右橫開半步。與此同時，兩手将其右腕向右前方往下沉採，這時重心移至右腿。此時對方由於彆住勁，只有隨手而跌出，否則一較勁其臂會斷的。（圖3-7、圖3-8）

圖3-7

圖3-8

4. 指襠捶用法（配合者為先生之子王乃庠）

如對方以右腳向我腰部踢來，我則以左掌按其膝關節，若不成功則改向外摟之。同時，待其落步後隨之，我進左步緊靠近其膝內側或其外側套鎖，復以右拳擊其下腹部。（圖3-9）

圖3-9

5. 栽捶用法（配合者為先生之子王乃犀）

當對方以右掌擊我面部，我則以右手順其來勢反握其
腕，並以左掌黏其右臂內側。兩掌同時微做內旋動作。與
此同時前進左步，兩手分別握其臂腕向左足前方往下栽
植。這時對方則應手而跌在地。（圖3-10）

圖3-10

二、掌　法

太極拳雖名為拳，但用掌時較多，現僅舉數例。

1. 撲面掌用法（配合者為先生長子王乃洵）

如對方以右手擊我前胸，我則以左手黏其前臂向下滾壓，隨即用右掌向前虛擊其面部。復用右前臂滾壓其臂而騰出左掌則向其面部撲蓋擊之。與此同時，進左步套鎖住對方之後腳。這時對方則應手而跌出矣。（圖3-11）

圖3-11

2. 下拓掌用法（配合者為先生長子王乃洵）

如對方以右掌擊我前胸，我則以右掌掌心由向上變為向前，同時手指尖下指，使掌心向外發勁，擊其腹部。但要注意與對方右臂相貼住，不離開為要。（圖3-12）

圖3-12

3. 探馬掌用法（配合者為先生之子王乃庠）

此勢的主要用法在於探馬掌之動作先做好之後，已將對方制倒，再架腳點踢其肋部。例如對方以右掌擊我前胸時（首先把敵拳看作馬之韁繩），我則以左掌掌心朝天（使虎口）黏住對方之右腕內側往外一支（如攏韁繩），同時向左前方邁進左步並以右掌掌心向下向對方右肩靠近頸部的位置向左下沉採至左膝為度。這時對方已頭朝下，腳朝上翻到在地。到此地步則隨我任意踢之，這是高探馬的全解。（圖3-13、圖3-14）

圖3-13

圖3-14

4. 橫掃掌用法（配合者為先生長子王乃洵）

如對方以右手向我背部打來時，我則向右轉身，並以右掌對其面部虛晃一招，奪其神氣，趁其發呆之際，可做後續進攻。（圖3-15）

圖3-15

三、勾　法

1. 勾提上打（「提手上勢」配合者為先生之子王乃庠）

如對方以右拳擊我前胸，我則以左掌採其腕部，同時以右掌腕部（成虛勾手）攻其下頷（做此勢要配合身法，即空胸、緊背、長身）。（圖3-16）

圖3-16

2. 前掌後勾（「退步跨虎」配合者為先生之子王乃庠）

如對方以拳擊我面門，用腳踢我前腿，我則急轉身將前腿向後撤回一步，同時以手掌變為勾羅手將其腳腕勾住，並以另一手掛住其拳之腕部。然後兩臂隨後撤之勢，而向上勾掛。這時對方必應手而向後倒地。（圖3-17）

圖3-17

四、腿腳應用

1. 分腳用法

①踢　胸

　　如對方以右掌
向我頭部打來時，
我則以左掌接其右
腕，同時以右掌托
其右肘使其臂不能
下落。與此同時，
提起右腿以右腳尖
（腳面繃平）踢點
其胸部或肋部。（圖3-18）

圖3-18

②點肋（用腳尖點擊）。（圖3-19）

2. 蹬腳用法

①轉身蹬腳

如敵從身後以右拳向我頭部打來時，我則急忙向後轉身，然後以右拳黏住敵之右腕往右牽引，並以左掌劈其面部，同時抬起左腳，以腳跟向其右胯骨頭處蹬之即可，敵則必跌仆倒。（圖3-20）

圖3-19

圖3-20

②回身蹬腳

當我以左腿蹬對方，而對方避開後復以右腳踢我之實腿（右腿）時，我則將左腳落下，馬上提起右腳用腳跟蹬其腹部或胯關節。（圖3–21）

③蹬　胸

動作描述略。（圖3–22）

圖3–21

圖3–22

④踹　膝

當對方用拳擊我面部時，我用雙手接住對方之腕或肘部稍往內旋，左手抓住右手閉脈，使對方疼痛難忍而掙扎，隨後提腳蹬對方的膝關節（髕骨），使其倒地。（圖3-23）

圖3-23

【註】吳派太極拳的最大特點是一條腿支撐身體，另腿徹底解放，隨時可以踢、蹬、踩、跺。

⑤橫踹跺子

當對方出拳直擊我胸部時，我本著「以逸待勞，後發先至」及「來手就要」的原則，用雙手抓住對方的手臂，側身用腳橫踹對方的肋部。（圖3-24）

圖3-24

3. 外擺腿應用

①十字腿（單擺蓮）用法

如對方從身後用右掌擊我後背或拍我右肩時，我則以左掌將其右腕黏住並向右後轉身。同時抬起右腳以腳背拍擊其腰眼（兩腎），左掌反擊其下頜或面部或耳後翳風穴。（圖3-25）

圖3-25

②雙擺蓮用法

如敵以右手從我身後打來，我則向右轉身以左掌黏其右腕，復以右臂從其右臂向上穿出復向右方滾轉下壓，隨之抬起右腳以腳背踢其腰部，左右兩掌從右向左反擊其面部。這時，對方重心已失，則由我任意擊之。（圖3-26）

圖3-26

第四章
王培生談太極拳

一、太極拳名釋義

拳名太極者，是因為以道家的太極哲理來指導練拳的緣故。把練拳和太極哲理結合在一起，以太極哲理指導練拳，是太極拳的突出特點。

太極哲理在我國哲學發展史上佔有重要地位，是我國文化寶庫中的燦爛明珠。它實際上就是辯證法，就是事物矛盾對立統一和轉化規律，事物發展的法則，故曰一陰一陽。因此，太極拳的拳經、拳論、行功心解，總勢歌等的確是閃爍著唯物辯證法的光輝，具有邏輯性，含有豐富的實踐經驗，應細心地領會和體驗。

太極哲理用文字闡述為：「太極者，無極而生，動靜之幾，陰陽之母也。動之則分，靜之則合。」太極圖形象地表示了太極兩儀陰陽相互對立，相互依存的關係。（圖4-1）

太極：指互相對立著的兩

圖4-1

個方面，即陰與陽，如太極圖之雙魚圖形。

無極：統一體，指事物或過程，在太極圖中用圓形表示。

動靜：世界恒動，動者動之動，靜者動之靜。動是絕對的運動，表現為顯著的變動狀態；靜是相對的運動，表現為相對的靜止狀態。

幾：動而未形，有無之間叫幾，即趨勢、趨向、苗頭、動向、徵兆、因素、可能。

動靜之幾：陰陽動靜，互相轉化的趨向、趨勢（轉化到與之對立的方向去）。

分：不平衡、舒展、張大。

合：平衡、收束、縮小。

「太極者，無極而生，動靜之幾，陰陽之母也。動之則分，靜之則合」這句話的義理聯繫起來說，就是統一體（無極）分成對立的兩個方面（陰陽）。對立的雙方（陰陽）始終存在著互相轉化運動的趨向（動靜之幾）。在相對靜止時，對立的雙方表現為平衡狀態；在顯著運動時，事物發生性質的變化（動之則分），由平衡（合）轉化為不平衡（分）。事物由量變到質變的過程完畢，問題得到解決。舊的過程結束，舊的陰陽對立關係消滅，產生新的陰陽關係。

陰陽是相互對立的雙方的總稱，根據事物具體情況而有不同內容和特定名稱，例如：有無、虛實、剛柔、上下、前後、左右、順背、進退、攻守、形意等等。若以一方為陽則另一方為陰，反之亦然。一般習慣上為陽、下為

陰;剛為陽、柔為陰。

在複雜的事物中，同時存在多個陰陽對立體，但有主客之分。其中唯有一個是主體，其他則屬於客體，主體變化影響著其他客體的變化。

在同一個陰陽體中，也有主客之分，主體決定著事物的性質。

中極是陰陽互動相交之微。中極之玄，亦陰亦陽，非陰非陽，所謂簇失之疾有不行不止之時，中極之妙，曲可成直，直可成曲；圓可成方，方可成圓。

練太極拳自始至終都要用太極哲理作為指導思想，因地制宜地隨著事物的變化而變化，不要違背這個規律。

太極拳是對人精神和體質進行鍛鍊的方法。因此，首先對人身運用太極哲理進行分析，其次研究與外界的聯繫，從分析事物的陰陽關係中找出鍛鍊的方法，達到身心兼修的目的。

二、太極拳運動的特徵

透過多年來教學實踐，筆者體會到「頭頂太極，懷抱八卦，腳踩五行」應該是太極拳的廬山真面目。

「頭頂太極」係指盤架子或推手時，腦子想一靜一動，不離開太極一陰一陽。頭腦思維符合陰陽哲理，違背則犯雙重之病。

「懷抱八卦」係指太極拳的基本八法（即掤、捋、擠、按、採、挒、肘、靠）與八卦卦象符號陰陽、虛實相對應。其關係是：掤為坎（☵）、捋為離（☲）、擠為震

（☰）、按為兌（☱）、採為乾（☰）、挒為坤（☷）（專指騰挪挒法）、肘為艮（☶）、靠為巽（☴）。太極八法與八方相對應，如掤南、掤北、擠東、按西……太極八法即是八種手法，也是八種功法和八種勁別。

「腳踩五行」係指五種步法，即前進、後退、左顧、右盼、中定。前進屬水、後退屬火、左顧屬木、右盼屬金、中定為土。其中以中定為主。沒有中定則沒有一切。要始終保持自身的平衡。

總之，太極拳的手之運動有八方；足之運動有五步。八卦即乾、坎、艮、震、巽、離、坤、兌。八卦卦象符號的上中下爻陰陽的變化，亦對應人體的上中下盤虛實的變化。所以說：「太極八卦是一家」。

附：陰陽消長「年轉圖、日轉圖」。（圖4-2、圖4-3）

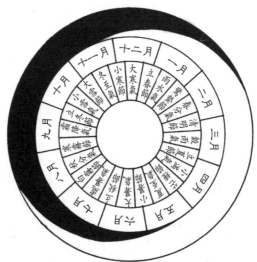

圖4-2　陰陽消長年轉圖

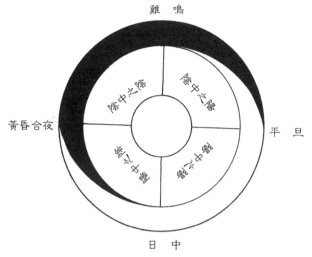

圖4-3　陰陽消長日轉圖

三、太極拳的源流
張耀忠　屬勇　整理

1. 太極拳主要流派

太極分五派如下：

①唐許宣平，所傳者叫三十七式，傳宋遠橋。

②俞氏所傳，為先天拳，受自唐李道子，傳俞清慧。

③梁韓拱月，傳程靈洗。傳至程氏子孫，名叫程必改，為小九天十四手。

④殷利亨所傳者，為後天法，傳胡鏡子，再傳授宋仲殊，共十七式（十六種肘法）。

⑤張三豐所傳者，為武當派（因張居武當山）又稱為

內家拳，其拳法以八門五步為此中之要訣，故名曰十三式，即言十三法也。

2. 太極拳部分流派介紹

（1）韓拱月所傳流派

程式太極功法，程少先生，小九天序：

梁元帝時，程靈洗字元滌，江南微洲休寧人氏，授業於韓拱月。太極之功，成大用矣。傳其子程音於必，將太極之功法，立名為小九天。

小九天法式名，列之如下：

七星八步、開天門、什錦、提手、臥虎跳澗、單鞭、射雁、穿梭、白鶴升空、打膛錐、葉底花、頂頭雲、攬鵲尾、鳳抖桐。共十四式。程元滌之小九天八方掌，觀經悟會法論。

太極拳能純功，精於易經，不能得九封於易經一書，必須朝夕，悟在心內，會在身中，超其象外，得其環中，有人所不能知，而己獨知之妙，若非得師一點，心法之傳，如何能致使我手之舞之，足之蹈之，其樂無窮。

（2）殷利亨所傳流派

宋仲殊後天法。宋氏後天法目，列之如下：

陽肘、陰肘、遮陰肘、晾陽肘、肘囊（底）槍、開花肘、八方錐、陰五掌、陽五掌、單鞭肘、雙鞭肘、臥虎肘、雲飛肘、研磨肘、山通肘、一膝肘、兩膝肘。

以上十七法，除八方錐，陰五掌、陽五掌三法之外，皆屬肘法，變化萬端，運用肘法，對於手法、步法多有幫

助。

（3）張三豐所傳流派

三豐之術，於明末清初傳關中王宗岳，再傳溫州，名陳州同。

三豐親傳：張松溪、張翠山等，名溫台派。張松溪傳四明之葉近泉。近泉親傳吳昆山、周雲山、單思南、陳貞石、孫繼槎。吳昆山傳李天目、徐岱岳。再傳授之余仲波、吳七郎、陳茂宏等。周雲山傳盧紹岐一人。陳貞石傳蕭扶輿、夏枝溪。孫繼槎傳僧耳、僧尾、姚石門、柴元明。單思南傳王征南，再傳甘鳳池。直至清初，傳山右王宗岳。又數傳至河南蔣發，再傳至陳長興。陳長興傳廣平府永年縣楊露禪、李伯魁。楊露禪傳其子班侯、建侯、王蘭亭、劉萬春、全佑、侯凌山（此三人後拜於班侯門下）。楊健侯傳其子兆熊、兆清。兆熊又稱少侯，傳田肇麟，尤志學等。楊兆清字澄甫，傳陳微明，武匯川，褚德馥。世稱楊派。任全佑字保亭，傳其子及門生：艾紳改吳鑒泉。王有林字茂齋，郭芬別字松亭。王茂齋傳其子王子英及趙鐵安、楊瑞霖字禹廷，再傳趙安祥、吳連禎、王力泉（王培生）等諸人，世稱吳派。

此外有陳清萍，得陳有本新架之傳，創趙堡派。武禹襄得楊露禪、陳清萍二人之傳，而創武派。李亦畬得武派之傳，而創李派；郝為真得楊派之傳，而創郝派；孫祿堂得郝派之傳，而創孫派。相沿至今，普通所熟拓者，為河北郝家派；河南陳家溝成為陳家派；河北廣平，為楊家派；還有河北武清，李樹勳字瑞東與王蘭亭，結為金蘭之

好，並得其傳，將其拳名改成為太極五星椎，又稱武清派。各派均有特長。

四、吳式太極拳三十七式的由來和特點

張耀忠　根據錄音整理

吳式太極拳三十七式，是1953年筆者在北京工業學院教學期間，根據吳式太極拳八十三式改編而成。不是唐朝許宣平所傳的三十七式。

吳式太極拳八十三式是楊禹廷先生根據吳式太極拳老架子改編的，共有9個攬雀尾，9個單鞭。每個攬雀尾後面有8個式子，再加上起式和收式，共83式。

八十三式套路比較長，教學需要很長時間，學員們經常出現「學前面忘後頭，學了後頭忘前面」的問題，好幾年也教不完。而且練習時間也受限制，需要在工間操的時間（一刻鐘）要練完一遍。後來大家提出簡化修改的建議。

我把重複動作去掉，剩下三十七個不同的姿勢。重新編排順序，把運動量較小的放在前面，運動量逐漸加大；平衡動作，較難的放中間；再逐漸減小運動量，直到收式。

三十七式太極拳突出的特點就是：以心行意，以意導氣，以氣運身。即「用意不用力」。

「以心行意，以意導氣，以氣運身」就是內三合。「手與足合，肘與膝合，肩與胯合」是外三合。能做到內三合、外三合，就符合「用意不用力」的要求了，也就符

合了太極拳的原則。

心是指大腦。大腦想一想就是以心行意。大腦能想不能動，它的作用是指揮意。比如說想喝茶，剛一想，意到氣到，這手腳也在動。這個過程就叫以心行意，以意導氣，以氣運身。太極拳的每一個動作都是這樣形成的，每個動作都是內氣催動形成的。

行拳的時候透過思想意識想，然後做到，以氣運身才能產生太極勁。

拳譜上有：一舉動周身俱要輕靈。就是一抬臂，一動腳，一舉手，一投足的時候，都要達到輕靈。

輕就是不用力，靈是靈活。怎樣才能達到輕靈？追求的就是太極勁。太極勁是輕靈之勁。

輕跟漂浮不同。假如一點勁不使，好像風吹草動似的也不對，疲杳的、漂浮的都不是。靈就是遇到障礙，會自動拐彎。練成習慣以後，如果走路的時候腳碰到石頭被絆一下，腳接觸石頭後自動地就拐彎。如果身子碰上桌角，皮膚的肌肉自動地躲開。

舉個例子：起勢第三動，兩腕上掤。怎麼才能在靜止的時候把手抬起來？一般的拳都是這樣直接一抬，這種抬法不是太極勁。

正確的方法是：用意念想骨節拉開，手指向前下指地，把手指梢關節拉開。然後想手指回鉤手心（想像的不是真動）。手指梢自動回鉤手心，力量到手腕上了。感覺手腕上好像有一根小繩輕輕一提，有一個領勁把手領起來。

持續地想著手指夠手心，意念不斷，勁也不斷，手臂自然抬起。什麼時候不想了，手自然落下。假如不想了胳膊還在那停著不下來，那不是太極勁，也不是輕靈勁。一想就起，一不想就落，這是真正的輕靈。每個動作都這樣做。

八十三式共有362動，簡化後的三十七式共有178動，最少兩動，最多20動，每個式子都是雙數。

五、太極拳的技擊作用

原載《北京體育》1982年第六期

太極拳要求不能用力，動作輕慢，沒有明顯的技擊形象。因而有人就認為太極拳只有健身作用而沒有技擊作用。我們透過分析幾個式子來介紹太極拳的技擊作用（本文一律按吳鑒泉式）。

1. 起　勢

對方意欲抓住我的手腕。當其掌心接觸我手腕背面而手指尚未握住之時，我五指回屈，用腕背向對方掌心方向運動，對方就會被擊後退，即被我發出。如果對方五指握住我的手腕，我則用使自己的腕背離開對方的掌心的意念，實際是我的手臂下沉，與對方指尖回屈之力對抗，造成一發以動全身之勢，對方就會上體向前傾斜而被我拿起。

2. 野馬分鬃

對方以右掌擊我左臉。我屈膝下蹲使其擊我之掌落空，同時抬我的左臂，以掌心貼住對方右肘外側，再上右

步，並將體重移至右腿，用右肩打靠，將對方發出。

3. 雲　手

對方用右掌擊我左臉，我用左掌外側接住對方的右掌，用肘將我的體重向我的左足小趾上方移動，牽動對方重心前傾。我再把重心向我的左足大趾上方移動。與此同時，抬我的右臂回圈，使我右肘彎裏側與對方右肘外側接觸，再將我的體重向右足小趾上方移動。當我向左向右移動體重之時，上體自然隨之向左向右移動，造成我順人背之勢，將對方發出。

從以上三個式子的技擊作用分析，可以看出，太極拳的技擊作用蘊蓄在一個姿勢將要完成之時。練太極拳要求手如行雲，步如流水，沒有明顯的發力點，使人不易覺察它的技擊作用。

練架子要求陰陽互濟。技擊也不例外，要做到使自己的陰陽互濟，使對方成為孤陰或者孤陽。前面所講的起勢第一動，用我的腕背擊對方掌心，就是使對方將要回屈的五指變成無有著落，陰陽不能互濟而造成輸招。從局部看，是一個陰陽是否能達到平衡的問題，從全身看，也是一個陰陽是否能達到平衡的問題。

例如「野馬分鬃」的技擊作用：對方擊我，由於我下蹲而使對方孤掌難鳴。對方右掌落空，已經造成陰極狀態，陰極生陽才能平衡，偏偏我又控制住其右肘外側，使其陰不能轉化成陽，造成對方的重心偏斜。當對方要用體重向後移的辦法調整全身之陰陽時，我在對方尚未調平之

際，用右肩打靠，對方由於陰陽失去平衡而被我擊敗。

以上只是粗淺地用陰陽互濟的道理來分析太極拳的技擊作用。我們的目的不在於強調它的技擊作用，而是希望練架子的時候，想著每個式子、每一動作的技擊作用，促使周身的陰陽互濟、完整一氣，收到更好的健身效果而已！

六、再談太極拳的技擊作用

原載《北京體育》1983年第六期

武術既可用於攻防，又可用於健身。下面分析太極拳沉肩墜肘的部分技擊作用（本文一律按吳鑒泉式）。

1. 摟膝拗步

對方用左腳踢我。我用右手向我之右後方摟開對方踢來之腿，同時上右步，以左掌攻擊對方胸部。當我掌接觸對方時，在重心繼續前移的同時，鬆肩墜肘，而後突掌心，舒展後腿，完成摟膝拗步姿勢，即可將對方發出（摟膝拗步的作用不止於此）。

2. 搬攔捶

對方用右拳攻擊我前胸。我用左掌向我之右側攔開來拳，以右拳攻擊對方胸部。當我拳接觸對方之胸部時，鬆肩墜肘，舒展右腿，同時將拳握實（二、三、四、五指尖捲向拳心），完成搬攔捶姿勢，即可將對方發出。

鬆肩墜肘的功用何在呢？下面談談我們的理解。

我之掌（拳）觸及對方前胸，對方產生反抗之力，我

若與之對抗，則是雙重，其結果是力大者勝，豈是太極勁？拳論說：「雙重則滯」，「每見數年純功不能運化者，率皆自為人制，雙重之病未悟耳」，又說：「欲避此病，須知陰陽」，「陰不離陽，陽不離陰，陰陽互濟，方為懂勁。」對方產生反抗力時，其胸部為陽，我則鬆肩墜肘，由陽轉化為陰。對方抗力落空，陽極生陰。我又轉化為陽，繼續前進。這時我周身協調，得機得勢，陰陽互濟，所以克敵制勝。

從物理力學的角度看，以掌（拳）打擊對方的時候，一般情況是出現彈性碰撞，以硬碰硬。若想避開彈性碰撞，可以用減速的方法，但減速以後會減小衝擊的力量，完不成打擊對方的任務。故用沉肩墜肘的方法，變彈性碰撞為非彈性碰撞，以減少彈性碰撞給攻擊者造成的反作用力，同時由鬆肩墜肘動作積聚很大的能量。我掌（拳）接觸對方以後，對方出於保護自己而產生抗力，這時打擊者鬆肩墜肘，使掌（拳）前進的速度變緩，對方的抗力因而落空，變得沒有著落。乘對方剛剛失去平衡之際，把彙聚的力量加在對方身上，將其發出。

這個技法是太極拳以柔克剛的組成部分。學練太極拳的人，除注意架式、運動路線的準確性以外，一定要留意太極拳的基本要領，不僅太極拳如此，其他拳種的基本拳理也是與此相通的：例如衝拳動作，預備時抱拳，拳心向上；衝出時手臂內旋180°，而後突然終止；衝拳開始時加速度不斷上升，旋轉時減小前進的加速度，使前進速度變慢，這樣才能積聚很大的能量。到突然終止時，彙聚的力

量達到最大值，其力學原理即在於此。

武術是實踐的結晶，而不是科研成果，所以有許多動作要領本來是科學的，反而講不出科學道理，這是歷史造成的，我們廣大武術愛好者應合力來填補這一空白。

七、用意不用力，四兩撥千斤

王培生 講授　鄒金華 記錄

什麼是「意」？「意」就是思想。用思想去指揮剛柔的變化，透過訓練，要達到想讓身體哪部分放鬆哪部分就能放鬆的程度。鬆，就是肌肉放鬆，就是骨節拉開。只有懂得放鬆，才能達到節節貫穿，以意導氣，以氣運身，才能極柔軟而後極堅強。

「意」（思想）還要指揮方向的變化。意是如何指揮方向的變化呢？王培生老師用手按住我的右臂朝左方推，叫我不要想右臂，而是想左臂，即右臂被推時意在左臂。當我意在對立面的左臂時，便感覺站得很穩，頂得住右方來的推力。如果忘不掉右臂，便受不住推力而站不穩了。對方推你右臂，而你想到了左臂，就是用意不用力了，所以你站得穩。如果你忘不了右臂的接觸部位，就是你在用力頂對方了，而不是用意了。所以對方接觸你時，你要想像離開那個接觸點，或者想像那個接觸點移至對方的皮膚裏面，移至對方的肌肉之內。正如拳經所說：「彼方挨我皮毛，我意已入彼骨裏」，因而對方的力就為我所化了。

在武術上，這種用意念的想像來離開接觸點，又稱為「脫殼」。如果不具備這種用意不用力的功夫，自然就不

會有四兩撥千斤的效果了。

我問：雙方交手，勝負爭奪，說時遲那時快，哪裏來得及想像呢？

這要靠平時多練了，太極拳十三勢中，勢勢都有意念在其中，所謂：「勢勢存心揆用意，得來不覺費功夫。」依法鍛鍊，久之愈練愈精，意也不用，應用時說有就有，說無就無，自然達到用意不用力，四兩撥千斤了。

在十三勢中，中定是基本的，中定就是使重心穩固。中定這一勢的意在何處呢？開始意在命門，然後意在神闕，就是說先想命門後想神闕，由命門至神闕有一個動態的意念過程，可以調整搖擺不定的身軀。

太極拳的每一個動作都有意念在其中，所以平時練習走架時要注意意念，處處用意不用力。現在多數人練太極拳懂得了不用力，但不足之處是失去了意念。沒有意念也就不成為太極拳了。

走架之後，還要練習定步推手、大捋、散打，最後還要有老師餵招等等，然後才能逐漸達到「人不知我，我獨知人」，最終達到「從心所欲」的高深境界。

八、技擊十大要素

關振軍　提供

吾師王培生先生精太極技擊之道，將技擊心得整理成文，教給學生。筆者遵照先生「得秘籍不可私藏」的教導，把先生傳授的「太極拳技擊十大要素」公之於眾，以饗同好。

1. 手之作用

技擊之道，百般打法，隨機應變，全在於手。手之作用，不僅在拳術上占重要位置，而且刀法之變化多端也都依靠手上功夫。手法之多，不能盡述，然不外高挑、平衡、低砍、直斫，送帶橫迎，虛實吞吐。善用手者，出沒無常，虛實莫測，使敵眼花神亂，則我手到功成。

2. 眼之作用

善技擊者眼必明，不然受制於人。故未交手前，必先審察已明，乘虛而入，出其不意，攻其不備，則事半功倍。同時留神敵人之意向，伺隙蹈暇，乘機而起，皆為眼之作用。如視敵之左肩一偏，即知其必發右腿；右手一揚，即防其必發左拳。彼如強壯，我有偏門；我較彼強，始走洪門。視其眼神，彼注我左，防其左攻；彼注我右，知其右擊。張口進攻，其勁必鬆；閉口進攻，其勁必足。右腿在前，防其後足；後足既來，備其再攻。

3. 身之作用

身為四肢之主，無衝鋒克敵之技能，有斜偏內讓之功用，左回右轉，俯仰低昂，挺吸吞吐，動靜雍容；不同手足之勞動，而有指揮之能力。其身左閃，宜備右攻；其身右讓，謹防左擊。回身之擊，其力必猛；翻身之腳，來勢愈雄。身蹲者，其氣必蓄，低攻應知其變；身立者，其氣必張，高擊便知來勢。身之作用相當重要。

4. 腰之作用

肩寬腰細必定素練拳功，吸腹柔腰自是身精技擊。手足能相應者，皆是腰之作用，迂迴折曲，軟轉彎斜，聯絡上下，首尾相銜，來之則氣沉於丹田，提氣時則勁注於肩臂。練功時，務求柔軟如綿；練刀之時，方能起頓得勢。顛起倒插，運用自如，踴躍挪移，俱能應變。雖無直接擊敵之能，但有間接補充之力，是腰之作用。

5. 步之作用

步為一身之根，運動之本，活與不活在於步，靈與不靈亦在於步。跳躍起落，進退封逼；可吞可吐，能守能攻；虎蹲猿躍，各有專長；鶴落鷹揚，難言其狀；帶鉛者，能拔足飛騰；踢樹者，能碾人致命；正反前伸後蹬，還可逼返連施；或則左偷右進，皆能開合自如；以敏捷為主體，合腰肩為步驟；沉靜之時如山岳，追逼之勢如脫兔；變化多端，翻騰莫測。刀術雖為臂腕功夫，然得力於步法。與其說拳法勝人，莫如說步法勝人。

6. 識之作用

弱者，我知其能逼；強者，我知其宜防。是非在於智識之辨別。練功於拳掌者，其手臂必較常人粗壯；練功於腿足者，其步法必較常人輕固；精於外壯者，其體質必魁梧；神於內功者，其筋絡多乾枯。矮小之人，防其用腿；高昂大漢，必慣使拳；見其姿勢，即知破其法門。運用器

械也應以拳理為準繩，遇隙即攻，見空必補。由此可見，應敵之際切忌心慌，心慌則意亂，意亂則手足失措，攻守失當。因而習刀術之人，當先治心。治心之道無他，沉著而已，不以危急而色變，不為強敵而心驚。爭鬥較量，毫釐之間，勝負可定，關鍵是在智識高低。

7. 膽之作用

見其有隙可乘，而不敢攻；知其有空可進，而不敢進，此為膽怯之病。膽小即無取勝之心，膽大能習制人之技。恐怖於衷，畏縮於外，敵乘其怯，必攻其虛。我見其虛，反攻其怯，轉敗為勝，反弱為強。然亦恒見技小膽潑者敗技高膽小之人，說明若言技擊尚須膽壯。

8. 氣之作用

若談技擊，氣沉者勝，氣浮者敗。收招之始，吸氣為佳；發招之時，吐氣為妙。運用則奔插於周身，蓄之則墳隆於一處；擊之不能傷，推之不能去；提之則來，放之則散；若離若合，能聚能分。苟無氣行筋絡之間，則所擊之處必無勁。是雖見其有隙可乘，敢於發手進攻，而氣不能蓄，只有坐失其時機，實是可惜。故首要練氣，則能收能發，用之不竭，藉以持久，以免氣喘上浮之弊。

9. 勁之作用

氣有沉浮之別，勁有乘蓄之分；刀走乘勁，宜用攔、滑、扇、纏；刀走蓄勁，應用衝、砍、披、劈。吸勁緊

縮，一緊即發，使敵勁不及提防，我刀已逼進；吐勁發招，一發即收使敵不及來，我刀已變化。開而復合，吐而復吞，集於臂腕之間，拋於拳腳之外，亦有傷人之能。一指之微，能蓄全身之勁；兩方角逐，全仗乘勁之機。勢若點水之蜻蜓，而力可透諸肺腑；形同離弦之箭羽，而銳可貫達人身。勁之作用，宜悟得之。

10. 神之作用

神清者技必精，神昏者藝必淺。以面迎敵，知其發招。視其神情者，即知動作，察其態度，即識其方針，料其姿勢之變更，其快慢之行止。名家可預未來之勢，是熟能生巧，而又在於博學廣記，熟極自能得心應手，心感神悟，而階及神明，非空談所能體會。

九、太極拳與文學藝術的關係

文學作品中以武術為題材的多不勝數。在當代新武俠小說名家金庸、梁羽生、古龍筆下，不難找到近代太極名家的影子。太極名家的活動和精湛的拳藝，豐富了文學的內容。不少小說家對太極拳就有很高的修養，如金庸、向凱然等。他們小說中描繪的太極功法和爭鬥的各種招法，對太極拳家來說雖不能做教材，但卻有不少啟發。金庸有關對太極拳的論述十分精闢。如果文學中的武俠小說沒有太極拳等武術的滋養，也不會有今天的風采。

戲劇中的武打是藝術化了的武術。它與太極拳、八卦、形意、少林等武術的發展有很大的關係。前輩戲劇表

演藝術家楊小樓、梅蘭芳、程硯秋等人，就把太極功夫融入在自己的表演藝術中。梅蘭芳先生在「虞姬舞劍」「天女散花」中的優美姿態，均得力於太極功夫。梅先生舞動的水袖，飄灑而柔韌，優美之中含有一定力度。

不少太極名家受到戲劇表演的影響，套路動作中也糅合了表演成分，使太極拳顯得姿態優美，更為廣大群眾所喜愛。

太極拳與書畫更有異曲同工之妙。學練太極拳，先要練基本功法，再學架子、推手、散手。從有形到無形，直至神明。最後達到一切聽其自然，無形無象，全身透空，應物自然，西山懸磬，虎吼猿鳴，泉靜河清，翻江攪海，盡性立命。

學習書法，也得從筆劃點、橫、豎、撇、捺開始，再正楷、行書、草書，從摩帖、臨帖，最後要「脫帖」，創造出自己獨特的藝術特色。

太極拳盤架子、練推手，要求遵循「心與意合，意與氣合，氣與力合；意到氣到，氣到力到；以心行意，以意領氣，以氣運身」的法則。

書畫裏也講究「意在筆先」。書畫家們透過長期磨鍊，從而達到「意、氣、力」的和諧統一，從心所欲，墨染紙上，自然渾厚，力透紙筋。

欣賞一個太極名家的功夫，不僅看他的神韻和內功，更關鍵的是對陰陽之易理的參悟深淺，在技術達到後，再上升到藝術層次，順乎自然求自然，使得神形一體，與人搭手，看上去似乎絲毫不動，但只要觸及他們的身子，就

會如同懸空飄浮起來，被發出去的人還不知怎麼一回事。這就是已達到神明的地步了。

一個技術高超的書畫家，他的作品同樣要達到「神形兼備」，而「神似勝於形似」。60年代潘天壽先生談黃賓虹山水畫時說：黃先生的山水畫裏的房子，近看都是倒掉的，而遠看不但不倒，而且很有精神。中國畫氣勢滂沱，神韻橫生，三尺之境可容千山萬水，這不正是達到了神似的境界了嗎。

綜上所述，不難看出太極拳是根植於中國傳統文化的沃土之中，它與其他形式的傳統文化相互影響，相互滋養，而且是相通的。也只有在中國這塊大文化背景中，才能產生拳理博大精深的太極拳。所以說，太極拳不僅僅是一種單純的運動方式，它更具備了中國傳統文化的整體特徵，說它是「太極文化」毫不為過。

十、太極名家王培生談太極

博武網

編者按：今年（2009年）是當代武學大家、吳式太極拳一代宗師王培生先生誕辰九十周年。本刊特發表先生幾年前的一篇關於太極拳的談話，以資紀念。這篇談話是修煉傳統吳式太極拳的綱領。修煉方法、修煉程序都講得清楚明白，對於後輩練好吳式太極拳具有重大的指導意義。

王培生是中國太極拳網吳式太極拳版的首席主持人，是國內有影響的吳式太極拳名家。他無論在太極拳套路和技擊技術上，還是在理論上都有很深的造詣。近日本網記

者專程採訪了他，請他就如何才能練好太極拳套路和推手等問題談了些意見。這些意見是他積數十年從事太極拳教學經驗的心血結晶，內容科學，操作性強，特在本網公佈，以饗廣大太極拳愛好者！

記者：王老師，您好！您是太極拳名家，又是中國太極拳網站吳式太極拳版的版主。目前，太極拳可以說已遍及全世界，今天想請您談談為什麼太極拳會如此受人歡迎？

王老師：太極拳是中華民族一項具有悠久歷史的、科學的體育項目。練習太極拳能幫助我們鍛鍊身體，健全體魄，堅強意志，提高工作效率。對於某些體弱及患病的人，有幫助恢復體力，促進疾病痊癒的功能。

太極拳符合生理要求。太極拳是一種較好的保健運動。為什麼能起到保健作用？太極拳是一種全身的柔和運動，著重思想即意念的訓練，由大腦有意識地指揮身體活動。練習時要求必須全身鬆開，不得有僵滯之處，故能全身氣血流暢，身心歡快，達到健身的目的。

太極拳也符合力學和心理學要求，這兩點主要表現在太極拳的技擊功能方面。力學表現在拳中的重點是如何保持自己的平衡而能破壞對方的平衡。在破壞對方平衡時要根據對方的心理表現而變化。大概這就是它深受人們歡迎的原因吧！

記者：有的人打太極拳就像做操一樣，看不出太極拳的韻味，要怎樣練才不會把太極拳打成另一形式的體操呢？

王老師：練太極拳必須掌握太極拳的基本要領，才不會把太極拳打成一種另一形式的體操。現在學習太極拳的人，大多數都是從練太極拳的「盤架子」開始。往往練習三四個月就說已入門徑。要想練好太極拳，必須嚴格按照太極拳的基本要領和步驟一步一步地進行練習。

記者：那麼，練習太極拳有哪些步驟呢？

王老師：第一步，應先練好樁功。像馬步站樁、川字步樁和一字立體樁等。然後，把這些基本功夫練到相當程度後，才能學習拳式。而一招一式的練習，非經數月不可，直至各式各勢完全純熟後，再合起來成為全套太極拳。

記者：太極拳的架子都是一樣嗎？

王老師：太極拳的架子許多人只知有一套，不知一套裏面還有高、平、低三種。初學時為高架子，再學平架子（又稱四平架，即眼平、手平、腳平、襠平），最後學低架子。三種架子之中又分大、中、小三種。

記者：這幾個架子有什麼區別嗎？

王老師：當然有區別啦！大架子，要求姿勢開展，合乎身體的要求；中架子，要求各勢動作不應有太過或不及之處，且能綿綿不斷，始終如一；小架子，要求各勢緊湊，動作靈敏而迅速。在這三種架子中，小架子最難。每一招式皆發寸勁，故前進、後退時步子很小，手與腰腿尤須一致。

記者：學這三種架子大概需要多長時間？

王老師：學這三種架子需要很長時間，決不是一年半載所能收到成效的。初學時，只能學一手或兩手，不能學

得過多。學多了，則姿勢既不能準確，又容易走入油滑的途徑，有失太極拳之正義。除戒速成外，又忌用力。所以過去練拳的人說，「不應快，快則傷氣，本來無力而強努力則傷血；如氣、血俱傷則能引起內傷，發生疾病。」如練的得法，雖一招一式也能得到其益處。反之，練的不合乎要求，即使每次盤全套架子數遍也不會收到成效。

記者：練太極拳時有哪些要求？

王老師：練拳時必須舌抵上齶，唇齒相合，以鼻呼吸，身體中正，含胸拔背，沉肩墜肘，頭正頂懸，裹襠收臀，上下成一直線，落步分清虛實，處處力求圓滿，周身輕靈，眼神視手指之前方。呼吸自然，上下左右相繫，無思無慮達於心平氣和之境界。而沉氣鬆力，須時時注意，因氣沉則呼吸調和，力鬆則拙力消除。

每勢都要求外面形式順，而內部舒適毫不強硬。如此自能胸膈開展，氣血調和，對於身心有莫大功益。反之，如姿勢做得不夠正確以至距離原則甚遠時，則氣滯胸膈，浮而不定，既不能得到益處，疾病反由此而生。所以一套太極拳架子至少非得學習半年不可，半年之後，尤須經教師數度詳細更正，也非得一年不可。

練拳可比作寫字，次數多則式式勢勢正確；又如臨帖摹寫，次數愈多則字跡愈佳。所以，欲切實練功夫，每次盤架子須有三遍（即三套），因第一套為了舒展筋骨，在一遍以上方能增進功夫。養身者則可以不拘，每次半套也可。在練拳時自第一手至末一手，動作迅速與否，均須求其均勻，不可先快後慢或先慢後快，更不可有缺陷、凸

凹、斷續的地方。勢勢能連續不斷，呼吸能自然，內外能一致，尤須不假思索任其自然地練習。練至全部純熟之後，可將全套各勢改為左式（即反式），例如動作為右手的改為左手，左手改為右手，右腳的改為左腳，左腳的改為右腳，左轉的改為右轉，右轉的改為左轉，倘能將全套的左式架子練至綿綿不斷和右邊一樣的時候，那麼功夫就更進一步了。因左右均能練習則無偏重之弊，再練右式時更覺得興味濃厚，此是欲求深造的學者必須知道的一件事。此外，還可以把雙手分開來練，先練左手或右手都行，因還要輪換著練，所以不分先後，但必須左右式反覆練習，以熟練為主。若照這種程序來練的話，那麼，一套太極拳架子可以變成為六套了。

記者：聽您這樣一說，真使我茅塞頓開。原來，練習太極拳有這麼豐富多彩的方法和步驟。如果，大家都能按照您所說的步驟去練，一定能把太極拳練好。那麼，學習太極推手是否也有它特有的步驟呢？

王老師：當然，學習推手也有它特有的步驟。在學好了太極套路後就可以學習推手了。學習推手先是學定步推手，然後學活步推手，再逐次學習大将、刀、劍、粘杆、散手（即亂採花）等。照這個規矩練習，沒有數年真功夫是不能學完上述各項拳械的。

記者：能否請您具體談談學習推手的步驟？

王老師：學習太極拳必須從緩而進，才能成功，這是總的要求。對於初學定步推手法的掤、捋、擠、按四手時，大半不能連貫圓滿，須跟隨教師或較自己高明的人，

經常在一起打輪劃圈至純熟後，再由教師口授掤、捋、擠、按四手的意義。四手能一一分清，練至綿綿不斷，腰腿能旋轉如意，黏化均能順手，然後可學拿勁、發勁。這個時候需要找一個對手互相研究練習，先練一種拿勁或發勁，千萬不可一勁未通又練他勁，更不可同時練習數種，須知一勁能通，任何勁都能通達。若一勁學不好其他勁也不會學好的。在未練拿勁、發勁之前，須儘量讓教師或較自己高明的人任意拿發，視其如何引己，如何拿己，如何發己，拿發之地在於何處，拿發之時間早遲，拿發之方向正隅，均須以身實地試驗，作為悟解之門徑，萬不可求之過急。定步推手法在太極拳基本功夫中要占首要地位，推手練至相當程度後，又不可專與一人推練，應與多人推練。因人與人多不一樣，有的性格急躁，有的性格溫和。或有手剛、手柔、勁大、勁小、藝淺、藝深之別，均須推練。倘不知如此練習，那麼便會遇到熟悉的人能拿能發，不熟悉的人則不能，照這樣做下去絕不會達到高深的程度。

其次，活步推手法，要求手、腰、腿三部動作一致，在前進後退時，不可發生沾黏勁忽續忽斷的現象，練大捋、粘杆、散手時也不應有此現象發生。自己的手或杆子，至少要有兩部分須與對方沾住，若沾不住時，則聽勁容易中斷，同時也容易使敵乘機來擊，於是神經感覺也不能練得靈敏，需要依著沾、連、黏、隨四個字的方式方法練習，練至出手或發勁時能使對方不覺為止。

記者：聽說太極對抗中還有散手，散手又怎麼練呢？

王老師：至於散手必須分開單練，不如此則不能隨時

應用。此外對於手法、身法、步法尤當注意。步法應進或退，手法宜高或低，身法宜正或側，均先求自己的姿勢順遂而不背。手法之發出當含有圓形，往返須有折疊。步法之落地，或前或後，或正或斜，當使身體中正，且有封閉敵身之用意，而自己之進退當有升降、上下起落之勢。

除以上三法外，當求姿勢正確，著法純熟，重心虛實應分清楚，內勁圓活，能補能泄（補氣泄力）。如僅求懂勁，專門用功於不規則推手，雖練習很長時間，但仍然疲弱未見顯著成效。這是因為練習姿勢容易，而內勁比較難練的緣故。

記者：練太極拳要怎樣才能達到像您那麼高的水準呢？

王老師：欲求達到高深的地步，必須有以下幾種精神才能成功。

①有恒心。練習太極拳非有長性、有耐性不可，尤須有百折不撓的精神。在初學太極拳時不如花拳繡腿能引人入勝，所以性情暴躁的人多不能堅持。學習太極拳應該每天練，一年到頭地練，一年接一年地練，直練到不練太極拳就感到身上難受，這就變得習慣起來。千萬不能今天十二分努力，而明天便一式也不練，一曝十寒，這是永遠學不好的。

②不鬆懈。不管嚴寒酷暑都不能間斷，甚至在緊張而繁忙的學習或工作時間，也必須抽出幾分鐘時間來練一練，經常不斷地練才會得到它的好處。

③要專心。學拳的人都有一個通病，便是貪多，今天練了太極，明天想練八卦，後天又想練形意。要知道各種

拳理本來相通，一通就百通。為了強健身體，逐日練習一套，這便很夠了。否則一樣不精，就是學了一百套也是沒有用的，反之精通了一套也就等於精通了百套。

④不躐（ㄌㄧㄝˋ，超越之意）等。練功，寧可漸進萬不可過急，以致欲速不達。拳術的功夫是快不來的，練一天是一天的功夫，學一天有一天的成績。要想躐等而進是萬不會有的事。像拳式中，上一式子未熟，要強習下式，姿勢未達到準確，又求用法，推手未全，從事大捋，刀劍未精，貪學紮杆，諸如此類，以致乖謬成型，反致一無所成。須知萬丈高樓要從平地起，而不是一朝一夕所能築成的。一切事都是這樣，學太極拳也不例外。

除上述數點外，還應請有經驗的老師做正確的指導。凡事都是「先入為主」，如果在初學時即走了彎路，那麼想拐回來再走正路往往要費很大的工夫。

在練拳或學拳時，想要知道所做的姿勢是否正確，可以拿自己身體來試驗。在做一姿勢時，如感覺身體上部胸背等部都很舒適，而下身腿部特別吃力，這就是說明瞭姿勢正確。反之如感覺上肢僵硬有力，胸、背部又有截氣和瘀悶不舒的現象，下肢腿部不覺吃力，並且有浮而不定等狀態發生，這就是姿勢不夠正確的表現。這也就是衡量姿勢是否正確的尺度。

記者：非常感謝您給太極拳愛好者談了這麼多寶貴的經驗和方法，為大家指明了學習的方向，真不愧是一位太極名師，而且還是一位難得的明師。我再次代表廣大太極拳愛好者感謝您！

附　　錄

一、王培生拳術風格

張全亮

著名武術家、吳式太極拳巨擘王培生老師，年逾八旬，但耳聰目明，精神矍鑠，身輕體健，出手不凡。王培生老師以修煉吳式太極拳聞名中外，但是他武學淵博，根紮八方，基礎厚實。

他20歲步入武林，先後師從名師學習過八卦掌、太極拳、通背拳、八極拳、彈腿、形意拳等拳法。王師的吳式太極拳得自楊禹廷師爺，並蒙王茂齋師祖親傳指導。又經自己數十年如一日苦練研磨，教學實踐，實戰總結，有機地融進了所學各派拳法之精華，從而形成了風格獨特、自成一體的吳式太極拳。

我從師王培生先生練拳多年，透過反覆觀察，細心體認，仔細品位，覺得王老的太極拳術有很高的藝術價值，文化內涵極深。歸結起來，我認為有神、隱、速、險、博五大特點。

1.**神者**，神也，神充氣足，神妙莫測之謂也。

王老演拳，觀之神足，悟之神妙；使人如觀奇景，如臨妙境，令人神清氣爽。他舉手抬足鬆靜體悟，如春風拂柳。

王老發人，妙招奇手，層出不窮，而且出神入化，純任自然，一應神光，犯者立仆。

2.**隱者**，隱也，虛靜空無，不顯不露之謂也。

王老演拳，靜如大地復蘇，萬象更新。心如止水，形似山岳，但四梢齊發如春生萬物，靜中寓動，其情融融，內涵無限生機和活力，巨大力量潛運其中。

王老發人如風似電，無形無象，所向披靡，跌翻妙絕，空靈難以言傳。看似至柔，實則至剛，看似至剛，實則至柔。剛柔兼備，陰陽合一。動靜緩急，運轉隨心。神以知來，智以藏往，神意內藏，不顯外相，實乃功臻上乘矣。

3.**速者**，快也，疾也。如矢赴的，如電擊人，至疾至速之謂也。

王老演拳，動如江凌直下，氣勢磅礴，不可阻擋。身如江河，手似飄凌，動中寓靜，靜中寓動，打手發人，勢如風摧潮湧，快若閃電雷鳴，無隙逃脫，無力抗爭。

4.**險者**，險也，危機險相臨近之謂也。

王老演拳，渾然無跡，妙手空空，含光默默，纏繞回環，精神百倍，中氣實足。觀其行，如履深淵薄冰，心膽俱懸；看其動，如蟒蛇穿林，驚迅夭疾；視其神，如聞虎嘯猿啼，毛骨悚然。

與王老交手，不動則已，動則如臨深淵，如踩毒蛇，

驚心吐膽，失魂落魄，險相橫生。王老周身無處不是軸，無處不生溝，無處不翻扳，無處不機關。扶之則傾，按之則翻，觸之則發。

5. **博者**，博也，廣大深厚之謂也。

王培生老師，功高莫測，博古通今，博學多才，博採眾長。從理論和實踐的結合上，把吳式太極拳術發展到了一個前所未有的新階段。

他善於以理（生理、物理、倫理、哲理）論拳；以拳曉法（做人之法、做事之法，技擊之法）；以法示道（天道、地道、人道、三才合一之道）；以道育人（文明禮貌之人、博學多才之人、開拓進取之人、奉獻社會之人）。他善於把祛病強身，技擊抗暴，挖掘人體潛能，為人處事等有機地融於吳式太極拳法之中。

把吳式太極拳發展成為如《易》道之「無所不包」、「無所不統」、「無不受益」的特色科學，特殊文化，至上至尊之藝術，其拳術理論至簡至深，至易不易。

王培生老師一生不二，武壇耕耘幾近70年，其從武時間之長，實踐經驗之豐富，功力之深厚，學識之淵博，理論之深透，門人之眾多，在當今武壇屈指可數，可說是獨領風騷，獨步一時。

作為王師門下之人，自應榮幸自豪，但更應尊師教誨，自強不息，不圖虛名，不尚空談，不侮師門，為推動武術事業的發展，促進全民健身運動，振興中華，盡心盡意，不斷做出新貢獻。

二、王培生老師接見美國太極拳 訪華代表團談話紀要

張耀忠　整理

時間：1984年4月下旬。

地點：北京什剎海體校。

接待部門：北京市武術協會、什剎海體校。

接待人員有：市武協秘書長，市武術隊領隊范寶榮，武術家王培生，陳式太極拳師雷慕尼。

接待對象：美國太極拳旅遊團一行16人。

美國太極拳旅遊團總部設在美國華盛頓州西雅圖市，領隊徐獻堂（臺灣人）係祥生國際公司總裁。他率領的團體來華旅遊，遍訪名家，凡有練太極拳的地方都去拜訪。4月下旬從四川轉遊到北京來。

經引見後，友人稱呼王培生、雷慕尼兩位先生為太極拳大師。王、雷兩位先生分別介紹了吳式、陳式太極拳的特點。王老師的講話內容如下：

簡要地講了一下太極拳的源流，著重講了太極拳的基本功，基本訓練。

吳式太極拳的特點：本著自己身體狀況，順乎自然求自然，沒有勉強拙力的現象，沒有用笨力的現象。年輕人練習時幅度要加大一些，老年人練習則要求有彈性力，收縮與舒張自然配合。這種練習方法對於健身和防身方面都有很大的益處。

太極拳對拳、掌、鉤等手形和步法、身法的幾種要求：

拳：太極拳用掌時多，用拳時少。用拳的只有五個動作（五捶）：肘底捶、撇身捶、栽捶、搬攔捶、指襠捶等。除此以外的其他拳式多為用掌。用捶時握拳不要太緊，手指捲曲，使指肚能沾到手心就行，拳面要求平，大指壓在食指和中指的中節，這叫空心拳。空心拳力量能達於外圍。而一般長拳之拳卻是捲緊進擊。其拳攥緊後，自己感覺有勁，實際外邊沒有勁，輕飄飄的。

掌：掌有陽掌、陰掌、立掌。手心朝前、朝下的屬於陽掌；手心朝後、朝上的屬於陰掌；手心朝左右的叫立掌。

肘：使手與肩一接觸，上臂和前臂一曲折，曲折的中心點即為肘，如同寶劍尖一樣。

鉤：有虛鉤，有實鉤。虛鉤是手腕放鬆，五指鬆散的，指尖向下垂，指肚好似接觸到地面，這叫虛鉤，其力量就達於腕部。實鉤是五指捏攏在一起，鉤尖朝後，力量也是達於腕上。手指尖朝下為吊鉤，手指尖朝上為鉤捋手。

步法：有坐步、弓步。主要有弓、馬、仆、虛、歇幾種步法。

身法的幾點要求：鬆肩、墜肘、含胸、拔背、鬆腰、抽胯、裹襠、溜臀、頂頭懸。

因為太極拳的每個姿勢的形成都要透過手法、步法、身法和眼神四個方面結合起來，做到上下相隨，內外相合

（上中下三盤合）。上盤指頭部和眼神的配合；中盤是軀幹和上肢；下盤是兩腿、由胯往下的一個支撐點。還有平衡方面的幾種主要姿勢的形成，都必須透過手法、步法、身法和眼神的配合才行。

太極拳的防身術技擊應用是推手術。推手的基本八法是掤、捋、擠、按、採、挒、肘、靠。

掤、捋、擠、按有定步推手法：定步推手有弓步、坐步兩種步法。兩腳前後站立，體重在後腿，前腳為虛步，腳尖要翹起來，這為坐步；前進時變為弓步，即前腿彎曲為弓，後腿伸直為箭，即為弓箭步。定步推手勝負的判斷是看後腳，後腳一動就算輸。定步推手是以手法為主，叫作「打輪」，即掤、捋、擠、按四手循環無端的練習。

活步推手又叫作大捋（攦），捋的意思是足履鞋就是履歷的履，當腳講，再加上一個提手，為之大捋。大捋就是活步推手，是以步法為主，手法為輔。大捋與定步推手相輔相成。定步推手，後腳一動就算輸。大捋是走開了的，以步法勝對方，如手跟手把對方拿住，是以腳底下走步法把對方引進來，拿與放。手法跟步法配合，動作要協調。

以上基本八法：「掤、捋、擠、按、採、挒、肘、靠」是太極拳推手基本的練習方法。此外還有亂採花，是拳術的每個姿勢、招式的技擊用法。亂採花沒有固定招式，見著打著，見勢打勢，但這也必須符合「沾連黏隨，引進落空，以逸待勞，捨己從人，隨屈就伸」等拳理要求。從外形看起來，指前打後、指左打右、聲東擊西，調

虎離山，圍魏救趙，就像舞蹈似的，又好像蜜蜂採花蕊，
所以叫亂採花。亂採花也可以用基本八法裏面的動作，八
種勁，還有每個姿勢拆開的用法，也叫拆手，也就是一般
所說的散手。

吳式太極拳推手的特點，是順乎自然求自然，著重在
以柔化為主，不跟對方較勁，凡能化開對方，再發才很方
便，如果化不開對方，也就說不上發招。太極本無法，動
即是法。動作裏面離不開陰陽，離不開動靜、虛實的變
化，離開這些就不是太極拳。用笨力和較勁是吳式太極拳
最忌的毛病。

之後，外賓中有人提問練太極拳是不是不能練氣功，
或者練氣功就不能練太極拳？

王培生老師對練氣功問題做了介紹：

氣功在中國有儒、釋、道三種流派。

儒家（即孔子、孔孟之道），也是講修身的，如中庸
之正道就是修身之法。《中庸》有這樣的話：不偏之謂
中，不倚之謂庸，中者天下之正道，庸者天下之定理，天
命之謂性，率性之謂命，道也者不可須臾離也，可離非道
也。這就是儒家的氣功（即養生，古稱攝生）養生之法，
叫作修身養性，性命雙修。天命之為性，率性之為道。這
個性，修的是心，修心即修大腦（思想，這裏的心不是心
臟之心，而是指大腦）。讓大腦入靜，得到真正的休息。
中和正是不偏不倚，就指的是人身的氣血要達到平衡。氣
血平衡就沒有病，氣血失調就要生病，這也是自然之理。
儒家的練功方法是中庸之道，也講性命雙修。

　　釋家的是三步功夫：第一步叫看破，第二步叫放下，第三步叫自在。看破一切事物有本有末，即物有本末，事有終始。儒家是知所先後，則進道也。還有物格而後知至，知至而後意誠，意誠而後心正，心正而後身修，身修而後家齊，家齊而後國治，國治而後心安。而在釋家，他對一切的事物都要看破，看破這第一步功夫容易做到。說得挺簡單，還有看不破的，看不破就貪心。

　　看破的功夫做到了，還得放下。如托最知己的朋友辦事，朋友說一句話，你心就放下，否則就總疑心。放心是放在後面才舒服，那是真正的放心。所以第二步功夫不好練，一般都放不下，要能放下心就好了。

　　第三步功夫，前面兩步功夫能看破，能放下，第三步功夫也就做到了。第三步就是自在逍遙，無憂無慮，隨心所欲。其訓練方法是很多的，但因時間關係，不做具體介紹。

　　第三方面是道家。道家要求立竿見影，他想什麼，就非得做到不可。所以，道家的方式方法也很多。道家講的是性命雙修，例如逆式呼吸法，見效很快的，其訓練方法很多。我在《中華氣功》發表過「蛤蚌功」就是道家的，包括育肉功，吸太陰太陽，天地陰陽之真氣，這是吐納功。

　　以上三家功法介紹之後各練了一趟拳，而後北京市武協秘書長范寶榮提議推推手。第一個上來的美國人個子比王老師高一頭，一推手就想突然襲擊。他手一到，王老師眼神一看，那人就仰面倒地軲轆打滾。

　　這時范寶榮跑過來說：「王老師不要摔他們。」可是代表團團長徐獻堂過來說：「沒關係。」接著再推時就沒有再把他們放倒。但他們一碰就返回，覺著很奇怪。後來又上來一個捲鬍子的高大個子，看上去有四五十歲，其實才24歲。這種人不好推，他把身子矮下去，手和胳膊都很長，你還搆不著他。他害怕會像第一個人那樣被放倒，故意身子往後縮，步往後退。因為范寶榮有言在先，怕他們面子上不好看，所以就沒摔他，但只要一搭手就感覺像觸電一樣返回去。就這樣每個人上來都是這樣，使勁越大的反應越大，一摸如撞牆返回，不是向前傾，就是向後仰，一個個東倒西歪，跌跌撲撲的站立不穩，看著就像鬧著玩，假的似的。領隊的是團長，也是總教練，他看王老師拿人輕飄飄，沾一沾如同觸電似的就把對方打出去了，所以他也想試試。上手一試就知道不是假的。他一看也不行，一抱拳一拱手說很好、很好。

　　十幾個人挨著排的每個人都試到了。其中還有幾個女的，但她們都是虛的，不敢使勁，一碰就回去，再隨一隨，想跑也跑不了。最後他們都歡騰而笑，都覺得挺有意思，他們直嚷嚷「very good」（很好）。

　　他們提問你這樣功夫是怎麼練的？王老師說是由打太極拳練推手練的，推手主要練神經末梢的靈敏性，就是反應快。末梢神經就是接觸點，就像蟋蟀頭上那兩個觸鬚，也像蝸牛觸角那樣靈敏：你一伸手，有熱氣，它就縮回去；你離開，涼了，它又出來。

　　太極推手鍛鍊神經末梢，練到高深的時候，對方沾上

頭髮，頭髮就有反應。訓練的手段有口訣要領：如「以逸待勞」──就是不讓用力，你自己作為一個中心，使對方作為輪，自己總處於安逸狀態，看對方付出勞動力很大，就是輪軸關係；還有「借勁使勁」：就是借對方傾斜重心不穩，出於體外時，那時給他補一點；他要前進撲空了，你就順著他的方向再引一引，引入落空點，「引進落空合即出」。這也是推手裏面的法則。推手歌要背得爛熟：「掤、捋、擠、按須認真，上下相隨人難進，任他巨力來打我，牽動四兩撥千斤，引進落空合即出，沾連黏隨不丟頂。」理論結合實踐才是科學的東西。剛才推手的那種奇妙功夫，就是透過這一系列方法鍛鍊出來的。

王老師講完後大家鼓掌說「很好」！接著讓王老師表演了氣功「蛤蚌功」。部分外賓跟著王老師練習了蛤蚌功。

外賓由團長帶領集體打了一趟楊式老架太極拳，他們的水準不低於我們一般輔導站的水準，甚至姿勢很符合要求，確實很好，尤其那個捲毛鬍子的腰腿。他們蹬腿轉身平衡動作很穩。打完後我們也為之鼓掌。

三、王培生武林揚威

劉燕玲

清晨，在北京什剎海湖畔。經常可以看到一位體態靈活、精神矍爍的老人在打太極拳。他就是北京武術協會委員，年過六十的王培生。提起王培生來，武術界的同事都知道，就是這位老人在一次武術經驗交流會上，一舉戰勝

了日本武林界高手，名震四方。

　　1981 年 5 月，王培生受體委委託，去瀋陽編寫太極拳推手比賽規則。當時，正值那裏舉行「全國武術觀摩交流大會」，各路英雄雲集瀋陽，連日本的少林拳法聯盟代表團也聞風特地趕來了。武術界的人士都知道，日本的武術技藝非同小可，尤其是我國十年內亂期間，他們的發展更是突飛猛進，還開辦全國性的少林拳法學校。近些年，每逢我國舉辦武術交流大會，他們都要來參觀，並一再要求與我國代表比武。出於外交方面的考慮，被我國武術界多次拒絕，而他們卻把我們的謙讓，誤認為無能，乃至出言不遜，說什麼「少林寺還在中國，可少林拳已不在中國了！」聽著這些有損於民族尊嚴的話，武林英雄們再也按耐不住了，恨不得立即挽起袖子，與他們比個高低。後來，中國方面終於產生了「技術交流」代表。他們是北京的王培生和廣西的姜星五。

　　「技術交流」是在遼寧省體育館的會客廳舉行的，這雖然不是正式比賽，但誰都理解這是兩個民族在武術方面的競技，是勇氣、意志與精神上的較量。

　　日方首先表演對打，一邊是體格粗壯的有 200 來斤重的團長，一邊是身高 180 公分的精幹靈活的教務長。他們一上手，就猶如餓虎出山，動作兇猛爽利，身手確實不凡，尤其是日本少林拳道專門學校的教務長，不幾回合，瞅個機會，攥住團長的手腕一掄，大塊頭的團長就像個面口袋似地飛過教務長的頭頂，「撲通」一聲重重地落在地上。

「他們是要給咱來個下馬威呀。」王培生心裏明白了。他冷靜地望著面露得意之色的日方代表，腦海裏驀然想起當年師父韓慕俠拳打康泰爾的情景。頓時，他下定了不打則已，打則必勝的決心，擊敗對手，為國爭光！

當日本代表團成員得知王培生要以太極拳與他們競技時，臉色頓時變了，團長站起來說：「少林拳法代表團一共來華9次，多次看到太極拳，這些日本也有，只不過是用來健身而已。」話說到這兒，他就坐下了，雖然沒有明說不肯與王培生交手，但那不屑之意溢於言表。王培生頓時怒火攻心，他站了起來，真想揪過團長，立刻與他見一高低，但一想到他們輕視的不僅僅是自己，而且是我國的傳統武術和武術界的無數同行，絕不能意氣用事，便轉而沉著地說：「您對太極拳的認識，說明您根本不理解太極拳。而不理解太極拳也就是不懂武術，太極拳作為武術的一枝，與少林拳、華拳、查拳等並立於武林之中，就說明它決不僅是為了健康。我認為太極拳不僅有技擊作用，而且能夠勝於一切！太極拳講究陰陽、動靜、虛實，得其精髓的，發起功來使對方攻來如同鐵錘擊於棉絮，大石投於水中，無奈我何。而我則進退皆宜，以柔克剛，以逸待勞。」王培生滔滔不絕地從太極拳的起源、發展講到它的科學原理，以及對人體的生理作用。

最後，王培生向當中一站，說：「咱別光說不練，來你們哪一位跟我試試？」

話音未落，教務長乘王培生不備，早已一步躥到眼前，右手攥住王培生手腕，左手高舉，凌空猛劈下來。這

一下要是被他劈著了，這隻胳膊非斷不可。說時遲，那時快，王培生一個「提手上勢」，將教務長帶得踮起腳來，馬上豁地一轉身，擰住他的胳膊又一個「進步栽捶」，「咕咚」一聲，教務長便雙膝跪地，腦袋也撞了地上。

這發生在一剎那之間的失敗，使教務長發起怒來。這還了得，日本第一流的武術家竟倒在這身材不高、貌不驚人的太極拳家腳下，豈不太失面子！他吼叫著爬起來，猛撲到王培生身上，一隻胳膊緊緊地勒住王培生的脖子，右腿使足了勁猛踹過來。王培生伸出右手一晃：「這就是『雲手』。你們說的『摸魚睡覺』。」這輕輕的晃得似有千鈞之力，只見教務長就像遭雷擊了一樣，暈頭轉向地滾了出去。交手不到10分鐘，教務長像個被大人擺佈的孩子一樣，接連跌了八九個跟頭，累得上氣不接下氣，渾身大汗淋漓。

他竭力想挽回面子，又喘著粗氣從後面撲上來，一把抱住了王培生的後腰，想將其摔倒在地。只聽王培生口中念道：「千斤墜。」身材高大的教務長使足了力氣也扳不倒這個比自己矮一頭的中國人。王培生回過身來，右手在教務長命門穴上只一拶，便輕而易舉地將他抱到了身前，說了聲：「算了吧！」隨之右手一揚，教務長站立不穩，跌跌撞撞地退到了牆角。他這才彎腰低頭，雙手按在膝上深深鞠躬，心悅誠服地認輸了。

臨別時，團長謙誠地表示，我們雖來華多次，但這次收穫最大，認識了太極拳的真功夫是大大的！很大的！希望您今後能夠到日本講學。

　　冰凍三尺，非一日之寒；王培生的這身武藝是半個多世紀來艱苦打磨的結果。65年前，在北京的一個四合院裏，他「呱呱」落地了。舊社會，哪個父母不望子成龍？孩子取名叫「培生」。可是，不管怎麼點撥，培生也「不長進」，從小喜歡舞刀弄棒，沒有一點兒斯文勁兒。可是有一處，培生無師自通，才8歲，就能在桌子上連翻30多個跟頭。只有那些與培生自小耳鬢廝磨的小夥伴們才知道，培生可不是胸無大志的人，只不過他的志向不是升官發財，成名成家，而是要做一個除暴安良、抑強扶弱的英雄！十來歲時，培生拜了四名武術師父，跟「鈎鐺張」張玉連學彈腿，跟馬貴學八卦，跟楊禹廷學太極拳，跟韓慕俠學八卦、形意。這些老師都是當時的武林名家，尤其是韓慕俠，自打在六國飯店贏了狂妄不可一世的俄國大力士康泰爾以後，名聲大震，連周恩來年輕時也當過他的學生。王培生受韓慕俠的影響很大，他立志：做人就要像韓老師，為人方正，不畏強暴，為國爭光，有一股子浩然正氣！在四位老師的指點下，王培生的武藝與日俱增，才18歲，就被人請去當了武術教師。

　　練就了一身武藝，王培生不負初衷，果然是路見不平，拔刀相助。一次，他看到六七個國民黨兵強搶一個小販的魚，急得小販作揖打躬地苦苦哀求。許多圍觀的人忿忿不平，卻不敢上前阻攔。王培生一個箭步躥入圈內，大喝一聲：「住手！光天化日竟敢搶劫。」幾個大兵見他隻身一人，哪裏放在眼裏，邊罵著「你小子找死！」邊撲了過來。只見王培生騰空躍起，一腳將最靠前的一個國民黨

兵踢翻在地，又回手一拳將身後的一個打出一丈開外。其餘的人嚇呆了，賠著笑臉連連討饒。「不行，你們攔路搶劫，得賠上人家的工夫錢。」幾個國民黨兵見王培生怒氣沖沖不肯罷休的樣子，只得各掏腰包，湊錢交給了小販。

　　歲月如梭，轉眼王培生今年已65歲了。年近古稀，正是安度晚年，樂享天倫的時候，但他卻深感時間的緊迫。每天，他除了去給那些慕名求教的人上課外，便是伏案疾書。

　　他有一個宏偉的計劃：要在有生之年把自己全部經驗整理成冊，留給後人。1953年他寫的《太極拳三十七勢》已付印，對國外發行。目前，他又在著手寫《太極拳器械》一書，在這本書裏，他詳盡地介紹了太極劍、太極刀、太極粘杆。同時，他已整理了不少資料，準備陸續寫太極拳技擊推手，太極拳理論探討等書。一句話，他最後的心願是：抓緊時間，貢獻餘熱，讓我們民族的高超技藝同武林的浩然正氣一樣，源遠流長，與世共存。

四、王培生訪日見聞

高小飛

　　我自幼受父親影響習練太極拳。父親青年時即拜在著名武術家王培生先生門下，我即稱王先生為師爺。我常隨父親到師爺家看望。當時我雖小，但在我的記憶裏，師爺是一位少言寡語的人，在無靠背的椅子上正襟危坐，面容祥和，二目有神，令人肅然起敬。父輩的親朋摯友很多，都對師爺的武功有口皆碑，甚至歎為觀止。當時，在我的

心目中，師爺的形象非常高大，敬仰之心也油然而生。

我10歲時先隨父親的朋友、摔跤名家李文泉老師學練基本功，也聽父親講授太極拳。13歲那年李老師因病故去，於是自己接著練，幾年之後便萌發出跟師爺學拳的想法。上高中以後由父親領著我到師爺家，從此開始向師爺正式求教。初學抻筋拔骨十三式、散手等，然後逐漸學習程氏八卦、尹氏八卦和師爺編排的吳式太極三十七式等。當時師爺家院子還寬，院內外也是空地，在院子裏把學過的一招一式都練給師爺看，還在院門外習抖大槍等等。這一切都像昨天所發生的事情一樣記憶猶新。

師爺是當今武學大師，能得到他的傳授非常不易，當時有很多人羨慕我，也有不少朋友到我這裏來和我一同練習，詢問師爺又教了些什麼，我由於自己還練得不好，無法教人，於是把朋友帶到師爺家一同學習，師爺無不耐心指教。師爺也是非常嚴厲的，若是上次教的沒練，師爺一看就知道。師爺講解非常注重舉一反三，若是說了幾遍還不明白，臉色就會嚴肅起來，很多人怵師爺就在於此。但只要把教的東西認真練習了，師爺就會再教新的東西。我當時的感覺是，無論怎麼學，總有新東西在等著你，無有窮盡，師爺會得太多了。在外面，我時常找人推手或試驗招式，遇到問題時不假思索地來問師爺，他老人家總是不吝賜教，一下子指出問題要害，而後再深入淺出地舉例說明，循循善誘，使學者如沐春風之中。

1987年我24歲那年，有了去日本學習的機會，我便邀朋友一起東渡扶桑，當時有人問起為何去日本，我順口回

答：「開武館教拳。」其實這似乎是一個玩笑，一樂而已。沒想到在日本的第4個年頭，也就是1991年10月，終於有了在讀賣文化中心教太極拳的機會。恰巧在同一個月，師爺同中國中醫藥管理局代表團一行，受日本氣功協會及讀賣新聞邀請訪問日本，講授太極拳及氣功等。當我知道這個消息後，激動得心情無法用言語來表達。

這是日本氣功協會主辦的一年一度的氣功演講大會。當時會場設置在東京讀賣劇場，到會者千餘人。師爺走進會場時，精神抖擻，氣宇軒昂，我作為助手也有幸一同登上舞臺。老人家聲音洪亮，面對大家說，我來到日本首先是與大家結緣，其次是把我新編排的太極拳十六式傳給我的徒孫高小飛……當時隨著台下的掌聲我激動萬分，師爺無形之中把我介紹給了大家，這對我來說真是莫大的鼓舞和支持，我幾乎忘記了在臺上的角色。

師爺的講演內容豐富多彩，涉及範圍很廣，使到會者耳目一新。特別是講解了太極拳與氣功的異同之處，明確指出太極拳是武術，而在修身養性方面與氣功是一致的。又講了氣功的意義和一些簡而易的練習方法。關於太極拳，老人強調分為體、用兩大方面，二者兼備，乃為太極。

當時由於時間所限，不能言及拳之細節，由我在台演練吳式太極拳三十七式，由師爺講解，並由我進招，師爺表演太極拳的使用。記得當時幾乎是我進手的同時即被打出去，滾翻落地，爬起來繼續進招，再被打出，近者被打出丈餘，遠者數丈開外，其中一次我竟然騰空而起，而後

滾落在地，身體與舞臺之間發出了清脆的撞擊聲，台下連連發出雷鳴般的掌聲和喝彩聲。之後師爺又演練了新編排的十六式太極拳，瀟灑自如，令人神往。

在師爺訪日期間，我和老人家先後在東京四谷公會堂、千葉武道大學、大阪氣功協會等地進行了專門性的教學及講演活動。其中大阪會場到會者數百人，效果極佳。在東京日本武道館錄製了吳式太極拳入門教學錄影帶，由BIB日本影像出版公司出版發行。

師爺一行的訪日講學活動雖然短暫，但給廣大太極拳愛好者留下的印象是鮮明而又深刻的，人們紛紛反映見到了真正的太極拳及太極名家。打那以後，我借著師爺的威名，本著教學相長的原則，教太極拳及八卦掌，至今不敢懈怠。雖尚未將本門心得廣泛普及，但是師爺所傳諸功法已深入習練者之心，不久將會有新局面出現。因此我想，師爺是中國的驕傲，所傳太極等諸功法也同樣是中國文化寶庫中的瑰寶，有義務去繼承傳播、發揚光大。

五、武術境界——深切懷念王培生師爺
張小瑛

著名武術泰斗王培生師爺離開我們已經五個年頭了。他老人家的音容笑貌還時常展現在眼前。與師爺接觸的一件件感人往事仍歷歷在目。師爺的人品和境界，師爺的武術技藝和高深功夫，師爺對太極拳拳理、拳法的精深體悟和對太極拳與中國傳統文化深刻內涵的精闢獨特解析，讓我歎為觀止，茅塞頓開！尤其是每次重溫師爺講課的光

碟，看師爺演拳說手的錄像，都是一種美妙的享受。你會隨著他的勢場與意境進入到無我無他的境界，那空、靜、自然、無與倫比的美妙與意境，讓人飄飄欲仙，心馳神醉。進而我逐步理解了太極拳的無窮奧妙和中國傳統武術的高深境界。難怪鄧小平同志會題詞：「太極拳好。」我也常聽父親說太極拳是一個最優秀的拳種，是各家拳的領袖！王培生師爺一生以武術為職業，是享譽海內外的武術實戰家、技擊大師。他創編的吳式簡化太極拳37式、乾坤戊已功等已廣為流傳，對健身技擊都有非常顯著的效果，深受中老年朋友和廣大武術愛好者的喜愛。我們無比懷念他，特作小詩一首抒發對師爺的深深懷念。

以心行意，以意導氣，以氣運身，以神領形，是太極拳的精髓。

純以意行，按竅運身，神意不同處，身外之六球，是您對太極拳的發展和貢獻。

行雲流水，氣吞山河，天人合一，出神入化，是您展示的太極功夫神韻。

高屋建瓴，畫龍點睛，內外兼修，純任自然，是您授徒傳藝的特色。

靜中寓動，處處機關，電閃雷鳴，變化萬端，是武林同道與您交手的感覺。

苦練不輟，勇於實戰，勤思善悟，博採眾長，是您的成功法寶。

不怕逆境，不計名利，不畏強手，默默奉獻，是您的武德風範。

一代宗師，享譽海外，武壇耕耘，獨步雲天，是您必然的碩果。

垂首沉思，心潮激蕩，步履先蹤，奮發向上，不辱師門，為國爭光是我們永久的誓願。

2009年9月

六、生死一心，弘揚太極

—— 在王培生先生逝世三周年紀念會上的講話

張耀忠

光陰似箭，日月如梭。恩師仙逝，已是3年。此時此刻，在我的心中，感慨萬千。

老師是我國名揚四海的武術家，太極拳的權威，也是我們的良師益友。

老師生前傳授給我的種種功法，使我終生受益。老師對我的恩澤，千言萬語說不盡。

我曾在老師遺像前發過誓：生死一心，弘揚太極。我將老師傳授給我的各種功法和老師遺留下來的寶貴資料都編成書，為弘揚老師的武學思想，我當全力以赴。

今天要發言的人多，時間所限，我只談一點習拳體會。

我要說的是太極拳預備勢的奧妙訣竅。

預備勢，雖不算三十七式之數，但它的功法非常重要，它就是太極十三勢中的中定功。

老師說：太極十三勢以中定為主，其他十二勢為輔。

有中定才有一切，有中定才有變化。

　　那麼怎樣才能達到中定呢？每當我們做預備勢時，在入靜放鬆之後，便會有一種如立於船頭的搖擺之感。老師告訴我們，先想命門，後想肚臍，反覆3次就不搖擺了，身體的重心就穩定了，這就是中定。這就點明了，意想命門、肚臍，就是維持平衡的訣竅。我們在走架子和推手時，都需要維持自身的平衡。就是動態平衡功夫，也就是中定功。

　　依據老師的指點，我在走架子時，凡遇坐步，我就意想命門穴（默念兩句）；凡遇到弓步我就意想肚臍（默念兩句）；凡遇踢、蹬腳動作，兩拳交叉想命門；兩掌平分想肚臍，彷彿我的手一會長在命門上，一會長在肚臍上，時而與命門結合，時而與肚臍結合，反正特別來勁。

　　王宗岳在太極十三勢歌中說：「勢勢存心揆用意，得來不覺費功夫。」老師說：太極拳的每一個動作都有意念在其中，所以平時練習走架子時要注意意念，處處用意不用力。沒有意念也就不成為太極拳了。所謂意念，也就是心法。我按老師教的意想命門、肚臍的心法來打拳，感覺得心應手，隨心所欲，樂在其中，其樂無窮。

　　我在與人推手時，一接手就想命門、肚臍，一化即打、一要即發。很好使。老師教給我們的這種心法，夠我們受用一輩子。

　　這種意想命門、肚臍的心法，在道家的功法中，叫作「胎息法」，老子稱其為「橐籥」。用白話說就是拉風箱，也叫拉擺。

當命門、肚臍來回動的同時，天門地戶都在動，人體六球也在動，勞宮、湧泉也在動、奇經八脈都在動，人身內部猶如翻江攪海，鼓蕩不已。體內各種通道隨之打通，其健身作用不言而喻。功法簡單，功效宏大。健身、技擊、一舉兩得。

我一定繼承老師遺訓，弘揚太極拳，造福全人類！

附預備勢歌訣三首：

（一）

預備勢為事開頭，全身內外鬆肌肉。

四肢脊柱骨節開，毛孔擴大把氣透。

（二）

兩腳並齊陰陵貼，尾骨鼻尖來對接。

二目平視往遠看，全身舒適心愉悅。

（三）

預備姿勢無動作，三才樁功不可沒。

意守中極心不動，心靜能禦外來敵。

2007年9月1日

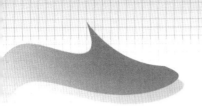

歡迎至本公司購買書籍

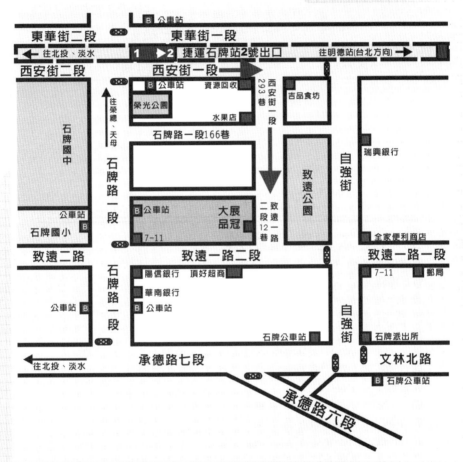

建議路線

1.搭乘捷運·公車

　　淡水線石牌站下車，由石牌捷運站2號出口出站(出站後靠右邊)，沿著捷運高架往台北方向走(往明德站方向)，其街名為西安街，約走100公尺(勿超過紅綠燈)，由西安街一段293巷進來(巷口有一公車站牌，站名為自強街口)，本公司位於致遠公園對面。搭公車者請於石牌站(石牌派出所)下車，走進自強街，遇致遠路口左轉，右手邊第一條巷子即為本社位置。

2.自行開車或騎車

　　由承德路接石牌路，看到陽信銀行右轉，此條即為致遠一路二段，在遇到自強街(紅綠燈)前的巷子(致遠公園)左轉，即可看到本公司招牌。

國家圖書館出版品預行編目資料

王培生太極拳體用解／張耀忠　厲勇　編著
──初版，──臺北市，大展，2015〔民104.07〕
面；21公分 ──（吳式太極拳；2）
ISBN　978－986－346－073－2（平裝；）
1. 太極拳
528.972　　　　　　　　　　　　　　　104007763

王培生太極拳體用解

編 著 者／張耀忠　厲勇
責任編輯／孔令良
發 行 人／蔡森明
出 版 者／大展出版社有限公司
社　　址／台北市北投區（石牌）致遠一路2段12巷1號
電　　話／（02）28236031・28236033・28233123
傳　　眞／（02）28272069
郵政劃撥／01669551
網　　址／www.dah-jaan.com.tw
E - mail ／service@dah-jaan.com.tw
登 記 證／局版臺業字第2171號
承 印 者／傳興印刷有限公司
裝　　訂／承安裝訂有限公司
排 版 者／弘益電腦排版有限公司
授 權 者／北京人民體育出版社
初版1刷／2015年（民104年）7月

定 價／240元

大展好書　好書大展
品嘗好書　冠群可期

大展好書　好書大展

品嘗好書　冠群可期